JN124202

キッチンからはじめる SDGs

乾物と米粉でサステナブル・クッキング

サカイ優佳子＋田平恵美
DRYandPEACE

実生社

カラー口絵
もくじ

特に記載がないものは２人分です。

計量について
大さじ１は15ml、小さじ１は5mlです。

乾物たっぷり 中華風炊き込みおこわ

干し椎茸、干し大根、干しエビは、乾物の中でもとりわけ旨味たっぷり！ その旨味をお米が吸い込みます。

材　料　2〜3人分

もち米 2合（300g）
豚バラ塊肉 100g（1.5cm角に切る）
割り干し大根 10g（2cm長さに切る）
干しエビ 8g
干し椎茸 2枚
焼き甘栗 6個（45g）
しょうがみじん切り 大さじ1
A［オイスターソース 大さじ2
　しょうゆ 大さじ1.5
　五香粉（ウーシャンフェン） 小さじ1/3
　砂糖 大さじ1
　コショウ 少々］
鶏ガラスープ 120ml
香菜 適量

作り方

1 干し椎茸は水に浸け、冷蔵庫で8時間ほど戻し、1cmの角切りにする（戻し汁はとっておく）。
2 割り干し大根と干しエビは水に浸けて20分ほど戻し、水分を切っておく（戻し汁はとっておく）。
3 もち米は水で洗ってざるに上げ、水気をきる。
4 油（分量外）としょうがをフライパンに入れて弱火にかけて香りが出たら、豚肉、1、2、甘栗を加えて中火で炒める。
5 Aで調味し、鶏ガラスープを加えて、煮立ったら火を止め、具と汁を分けておく。
6 炊飯器に3を入れ、5の汁と1と2の戻し汁を合わせ2合の目盛りまで加える。足りなければ水を足す。
7 5の具を炊飯器に加えて炊く。
8 炊き上がったら好みで刻んだ香菜を飾る。

高野豆腐入りガパオ

元祖ベジミートともいえる高野豆腐。最近は小さく刻んだタイプも売られています。味の浸み込みも良く、ひき肉のように使えます。

材　料

鶏もも肉（1.5cm角に切る）　100g
赤唐辛子小口切り　1本分
にんにくみじん切り　大さじ1/2
玉ねぎ（1cm角に切る）60g
赤パプリカ（1cm角に切る）35g
高野豆腐（極小タイプ）18g
A〔ナムプラー　大さじ1弱
　オイスターソース　大さじ1
　砂糖　小さじ2/3
　鶏ガラスープ　100ml〕
バジル　10g
卵　2個
油　適量
ごま油　適量
ご飯　2膳分

作り方

1 フライパンに油をひき、にんにくと赤唐辛子を入れて弱火で炒め、香りがたったら鶏肉を加えて炒める。
2 肉の色が変わったら、玉ねぎ、パプリカを入れてさらに炒める。
3 2にAと高野豆腐を加えて炒め煮する。
4 バジルは茎はみじん切りに、大きい葉は手でちぎって3に加えてひと炒めする。
5 別のフライパンにごま油を薄くひき、卵を割り入れて目玉焼きを作る。
6 ご飯に4を盛り付けた上に5をのせる。

煮干しのイタリア風

トマトジュースを吸い込んだ煮干しは、味付けも必要なしで焼くだけ。トマトと煮干しの旨味の相乗効果も。

材　料

大きめの煮干し 12尾
無塩トマトジュース 180ml
オリーブオイル 適量
ドライオレガノ 少々

作り方

1 煮干しは、トマトジュースに浸け、冷蔵庫に8時間おく。
2 フライパンにオリーブオイルをひき、1の煮干しを弱火でゆっくり焼く。
3 器に盛り、オレガノをふる。

切り干し大根とサケ缶の米粉グラタン

米粉で作るホワイトソースなら、グラタンも簡単に。

材　料

切り干し大根 20g
玉ねぎ薄切り 1/4個分
サケ缶 1缶（90g）
バター 適量
切り干し大根の戻し汁&サケ缶の汁 100ml
牛乳 100ml
米粉 大さじ2
細切りチーズ　60g
乾燥パセリ 適量

作り方

1 切り干し大根は水に15分ほど浸して戻し、水気を絞る（戻し汁はとっておく）。
2 玉ねぎをバターで炒め、1を加えさらに炒める。
3 切り干し大根の戻し汁とサケ缶の汁を合せたもの、サケ缶の身を2に加える。
4 牛乳に米粉を入れ、良く溶かしてから3に加え、かき混ぜながらとろみがつくまで加熱する。
5 油（分量外）をひいたグラタン皿に移し、チーズをかける。
6 220度のオーブン、あるいはオーブントースターなどで、焼き色がつくまで10分ほど焼き、乾燥パセリをふる。

乾物とサバ缶の韓国風スープ春雨

いろいろな乾物から引き出される旨味が魅力。その旨味を吸った春雨がまたおいしい！

材　料　3〜4人分

サバ水煮缶 1缶（190g）
にんにくみじん切り 大さじ1/2
A〔干しごぼうと干しにんじん合わせて10g
切り干し大根 5g
スライス干し椎茸 8枚
コチュジャン 大さじ2.5
しょうゆ 大さじ3
水　800ml〕
ごま油 少々
白すりごま 大さじ1
小大豆もやし（緑豆もやしでも可）50g
にら（4cm長さに切る） 50g
春雨 100g

作り方

1 鍋にごま油を入れ、にんにくを入れて弱火で香りをたてる。
2 サバ水煮缶とAを加え、蓋をして沸騰したら弱火にし、20分ほど煮る。
3 白すりごま、もやし、にら、春雨を加えてさらに2〜3分煮る。

＊時間がたつと、春雨がスープを吸って水分が減ります。
＊干しごぼうと干しにんじんは、きんぴら用のミックスとして売られていることもあります。

キクラゲと昆布のベトナム風スイーツ

キクラゲや昆布をスイーツに？
食べれば、疑問も解けるはず。
棒寒天は煮溶かして固めるのではなく、ちぎって具として使います。

材　料
キクラゲ　5g
刻み昆布 1g
バナナ　1/2本
棒寒天 1/3本
A〔ココナッツミルク 200ml
　はちみつ 大さじ2
　塩　ひとつまみ〕
クコの実 適量

作り方
1 キクラゲは水に15分ほど浸けて戻す。
2 1の固い部分を切り落とし、千切りにしたら、熱湯（適量、分量外）を回しかける。
3 バナナは1cm幅の輪切りにする。
4 Aをあわせ混ぜた中に、2、3、刻み昆布、一口大にちぎった棒寒天をいれ、15分ほどおく。
5 器に入れ、クコの実を飾る。

＊大きいキクラゲの場合、15分では戻らない場合もあります。最長1時間くらいかかるケースもあります。戻しすぎということはないので、早めに水に浸けるのがおすすめです。

乾物の旨味でおいしいルーロー飯

刻んである高野豆腐、スライスしてある干し椎茸、切り干し大根は、切る手間もなく戻り時間も早い！とろみづけには、水溶き米粉を使います。

材　料

A〔高野豆腐 刻みタイプ 25g
　スライス干し椎茸 5g
　切り干し大根 7g
　干しエビ　5g
　水 200ml〕
豚こま切れ肉 180g
にんにくみじん切り 1/2片分
しょうがみじん切り 大さじ1
赤唐辛子輪切り　少々
油　適量
B〔オイスターソース 大さじ2
　酒 大さじ1
　しょうゆ 大さじ1
　甜麺醤 大さじ1〕
黒酢（なければ他の酢でも）
　小さじ1
五香粉（ウーシャンフェン）　少々
水溶き米粉（米粉大さじ1/2、
　水大さじ１で溶く）
ご飯２膳分
半熟卵１個
青ねぎ（小口切り）適量

作り方

1 ボウルにAを入れ、15分ほどおく。
2 フライパンに油をひき、にんにく、しょうが、赤唐辛子を弱火で炒め、香りがたったら食べやすく切った豚肉を入れてさらに炒める。
3 豚肉の色が変わったら、１とBを入れて３分ほど中弱火で煮る。
4 黒酢と五香粉を入れ、ひと煮し、水溶き米粉を加えてとろみがつくまで加熱する。
5 丼にご飯をよそい、４をかけ、青ねぎをちらし、半分に切った半熟卵をのせる。

ひじきのスペイン風オムレツ

西洋では、海藻を食べる地域はほとんどないので、スペイン風オムレツとひじきの組み合わせは不思議に感じるかもしれませんが、海藻と卵、相性いいですよ。
黄色と黒の色のコントラストもきれいです。

材　料
（直径15cm程度のフライパン1枚分）

乾燥ひじき 10g
ベーコン（5mm幅に切る） 30g
卵　3個
牛乳 大さじ1
細切りチーズ　80g
塩・コショウ 各少々
オリーブオイル 大さじ1

ベーコンは、できれば減塩タイプではなく、しっかり燻煙されている塊のものを使うと、よりおいしい。

作り方

1 乾燥ひじきは水に浸けて30分ほど戻し、流水で洗ってから水をしっかり絞っておく。
2 ベーコンは、フライパンで中弱火で炒め、脂が出てきたら1を加えて炒める。
3 ボウルに卵を溶き、牛乳とチーズと2を加え混ぜる。
4 オーブンに入れられるフライパンにオリーブオイルをひき、3を流し入れて中火にかける。
5 周りがグツグツいってきたら、余熱しておいた180度のオーブンに入れて、火が通り、表面に焼き色がつくまで15分ほど焼く。

* オリーブオイルを塗った耐熱皿に3を流し入れ、オーブンに入れて20分ほど焼いてもよい。
* オーブンがない場合は、フライパンで、中弱火で片面を焼いたら皿にとって裏返し、もう片面も焼いて仕上げる。

わかめヨーグルトソースのかまぼこカルパッチョ

わかめの塩分がちょうどよいヨーグルトソースです。ポークソテーにそえたり、冷ややっこにのせたり、いろいろと活躍してくれます。

材　料

かまぼこ　7mm幅8枚
わかめヨーグルトソース
　〔乾燥わかめ 5g
　プレーンヨーグルト 50g〕
ミニトマトあらみじん切り　3個分
ガラムマサラ　少々
オリーブオイル　適量

作り方

1 わかめとプレーンヨーグルトを合わせ混ぜ、冷蔵庫に8時間置く。

2 かまぼこと、1、トマトを器に並べ、ガラムマサラとオリーブオイルをふる。

＊ わかめが長い場合は、初めに2cmの長さくらいにハサミで切るか、戻し終わってから包丁でたたくなどして食べやすくしてください。

オートミールのヨーグルトブレッド

人気のオートミールが簡単にサワーブレッド風に。
そのまま食べても、具をのせてもOK!

材　料
(直径7cm、厚み7mm程度、6枚分)

オートミール、プレーンヨーグルト 各100g

作り方
1 オートミールとプレーンヨーグルトを混ぜ、しっとりするまで5分ほどおく。
2 7cm程度の円盤形にし、フライパン(フッ素樹脂加工品など、くっつきにくいもの)で油をひかずに両面をじっくり焼く。

* あんずジャムとサワークリーム、あるいは生ハムとベビーリーフなど、好みでのせて食べてください。

桜エビとわかめのケークサレ

ケークサレとは、塩味のケーキ。
軽食におやつにオードブルに大活躍。
作り置きもできます。

材　料

（直径9.5cm、高さ5cmのココット2個分）

乾燥わかめ 3g
白ワイン 50ml
A〔米粉 60g
ベーキングパウダー 小さじ1弱
細切りチーズ 50g
卵 1個
オリーブオイル 大さじ2
塩 ひとつまみ〕
桜エビ 5g
白煎りごま 大さじ1

作り方

1 わかめは5分ほど白ワインに浸けて戻す。
2 Aをよく混ぜたら、1を白ワインごと加え混ぜ合わせる。
3 桜エビと指でひねった白煎りごまを加え混ぜたら、油（分量外）を薄くひいた型に流し入れる。
4 180度に予熱したオーブンで35分ほど焼く。

米粉のカスタードクリーム

米粉なら、ダマになりにくいので超お手軽！

材　料（作りやすい分量）

米粉 大さじ2
卵 2個
砂糖 大さじ4
無塩バター 小さじ2
牛乳 200ml
バニラエッセンス 少々
キウイ　飾りとして適量

作り方

1 鍋に、キウイ以外の材料をすべて合わせ、米粉が溶けるまでよくかき混ぜる。
2 1を火にかけ、かき混ぜながらとろみがつくまで中弱火で火を通す。
3 器に盛り、冷めたら刻んだキウイを飾る。

＊ 途中で急に固まり出すので、火から鍋を離すなどして焦がさないように注意してください。

カレー風味の米粉クリスピーフライドチキン

厚めにつけた衣がさっくりもっちり。
衣もおいしいフライドチキンです。

材　料

鶏もも肉 1枚（350g程度）
A　カレー風味衣
〔米粉 25g
カレー粉 大さじ1
塩 小さじ1弱〕
卵 1個
揚げ油 適量

作り方

1 鶏肉は、4つに切る。
2 衣の材料Aを合わせてよく混ぜる。
3 2を1にまぶしたら、溶き卵につけ、再度2をまぶす。
4 中温（180度）の揚げ油で中に火が通るまでじっくり揚げる。

ドンコ・オー・ヴァン（干し椎茸と鶏肉の赤ワイン煮）

じっくり戻した干し椎茸が主役。
肉厚の干し椎茸を使ってみてください。
米粉を使ってとろみをつけて仕上げます。

材　料　2～3人分

干し椎茸（どんこ）　6枚
鶏もも肉　1口大　1枚分（350g）
バター　大さじ2
A［にんにくみじん切り　1かけ分
　玉ねぎみじん切り　1/2個分
　にんじんみじん切り　65g
　セロリみじん切り　40g］
赤ワイン　500ml
干し椎茸の戻し汁　50ml
塩　小さじ1/2
コショウ　少々
水溶き米粉　（米粉大さじ2、水大さじ4で溶く）
生クリーム　適量
乾燥パセリ　少々

作り方

1 干し椎茸は、水に浸け、冷蔵庫で8時間ほど戻す。
2 鍋にバターを溶かし、鶏肉を焼き色がつくまで中火でじっくり焼いて取り出す。
3 2の鍋に、Aを加え、じっくり中弱火で炒める。
4 3に2の鶏肉を戻し、赤ワインと戻した干し椎茸、戻し汁を加え、沸騰したら蓋をして弱火で40分ほど煮込む。
5 塩、コショウで味を調え、水溶き米粉でとろみをつける。
6 器に盛り、生クリームを加え、乾燥パセリをふる。

はじめに ── 私たちのキッチンから未来を変えよう

今あなたが食べているものが、誰によって、どこでどんな方法で作られたのかを考えてみたことはありますか？

食べることは、私たちのカラダや心を作ります。
でも、それだけではありません。

私たちが食べることは、家で料理をするにしても、お弁当を買って食べるにしても、外食をするにしても、完全に自給自足の暮らしをしている人以外は、誰かにお金を払っているはずです。そのお金は、巡り巡ってその料理ができるまでの過程にいる誰かの手に渡っていきます。

私たちが食べることは、遠く地球の果ての国の生産者を潤すかもしれない。
私たちが食べることは、地元に田んぼを残すことにつながるかもしれない。
私たちが食べることは、赤とんぼがいる風景を生むかもしれない。
その一方で、私たちが食べることは、ある魚を絶滅に追い込んでいるかもしれない。
私たちが食べることは、どこかの土地を痩せさせているかもしれない。

私たちが意識するかしないかにかかわらず、私たちが何を食べるかという日々の小さな選択が、地球のどこかと繋がっていて、未来の社会を変えていきます。

例えば、日本のスーパーマーケットではお馴染みのチリ産のサケ。チリにはもともとサケは棲んでいませんでした。サケの養殖に適していると考えたある商社が、チリにサケを持ち込み、生産を始めました。私たちがチリ産のサケを食べなければ、チリのサケ産業はおそらく衰退してしまうでしょう。

私たちがふだん口にするチョコレート。でも、原料であるカカオの生産者たちの多くは、チョコレートを口にしたことがないのだそうです。児童労働や奴隷に近い状態で働いている人たちがいることで、私たちは安価にチョコレートを口にすることができます。フェアトレードのチョコレートを買うことは、生産者たちに適正な賃金を支払うことに繋がります。

食料自給率が極端に低いといわれる日本。2021（令和3）年度のカロリーベースの食料自給率は38％に過ぎず、食料の多くを海外に依存しています。その一方で、食べることができるにもかかわらず廃棄されている食品ロス（2020（令和2）年度推計値）は、522万トン。事業系が275万トン、家庭系が247万トンにも及びます。[*1] 国民1人当たり、毎日ご飯茶碗1杯に近い量を捨てており、年間では41kg捨てていることになります。[*2]

水を使い、土地を使い、肥料を使い、人が働き、日本の小売店まで運んでくるためにエネルギーを使い、二酸化炭素を排出しながら輸送し、そしてやっと私たちの家まで届いた食材。私たちが食材を廃棄することは、ただ目の前にある食べものを捨てているだけではなく、この全てを無駄にしていることになります。

さらには、廃棄することで、ゴミの回収や焼却処理の過程で、ここでもエネルギーを使い、二酸化炭素を発生させています。水分が多いまま焼却すれば、その水分量が6割程度になるまでは水を燃やしているようなものです。また、ゴミ処理に使われる税金は、他のことに回すことができたかもしれません。

2015年には73億人だった世界の人口は、2050年に97億人に達すると国連は予測しています。[*3] 一方で、世界の飢餓人口は2021年には8億2800万人にも及んでいます。[*4] 環境破壊が進み、土壌も痩せ、新たな農業革命が起こることで爆発的な収量アップを期待することもできません。

私たち一人ひとりが意識を変え、未来をより良いものにしたいと願い、小さな行動を起こしていくことが必要とされています。サステナブルな未来への変化は、誰かが起こしてくれるのではなく、私たちのキッチンからこそ始まるのです。

私たちは、2007年から米粉のレシピ研究を、2011年から乾物レシピの研究をしてきました。この本では、私たちが続けてきた活動をご紹介しています。今日からでも小さな行動を起こすきっかけになるようにと思って、レシピも掲載しました。特に記載のないものは2人分のレシピになっています。あなたも、自分にできることは何かを考えながら読んでいただけたら嬉しいです。

DRYandPEACE
サカイ優佳子＋田平恵美

注

（＊1）農林水産省ウェブサイト「食品ロス量が推計開始以来、最少になりました」https://www.maff.go.jp/j/press/shokuhin/recycle/220609.html

（＊2）農林水産省ウェブサイト「日本の食品ロスの状況（令和2年度）」https://www.maff.go.jp/j/press/shokuhin/recycle/attach/pdf/220609-6.pdf

（＊3）国際連合広報センターウェブサイト「人口と開発」https://www.unic.or.jp/activities/economic_social_development/social_development/population/

（＊4）日本ユニセフ協会ウェブサイト「食料安全保障最新報告書」https://www.unicef.or.jp/news/2022/0136.html

もくじ

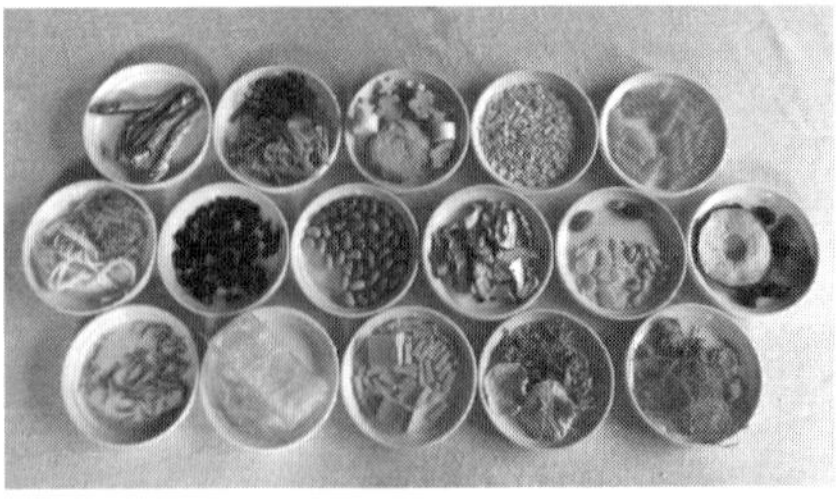

第1章 キッチンから見る！ 乾物を使うだけで、暮らしが変わる！

1 すごいぞ、乾物の底力

乾物というと、みなさんはどのようなイメージを持っていますか？

- 料理に手間と時間がかかって面倒
- 料理法がわからない
- 和食の材料

といったところでしょうか。

高野豆腐、切り干し大根、干し椎茸、昆布、かんぴょうなどを思い浮かべる人も多いかもしれません。

高野豆腐は含め煮、切り干し大根は煮物、干し椎茸はお煮しめ、昆布は昆布巻き、かんぴょうは細巻き、といった料理が思い浮かぶでしょうか。あれれ？　全部しょうゆ味の煮物ですね。

実は私たちも、乾物について、以前は「おばあちゃん世代の保存食」くらいにしか思っていませんでした。おいしいけれど、それほど頻繁には食べません。買って作ってはみたものの、半分使った残りの乾物を袋のままどこかに忘れてしまうこともたびたびでした。

パパセカ（乾燥じゃがいも）との運命的なであい

２０１０年のある日のこと、南米食材店で「パパセカ」という未知の食材とであいました。棚にコーヒーシュガーのようなものが並んでいるのを見つけたのです。ラベルには、「乾燥じゃがいも」「原産国ペルー」とあります。じゃがいもは日本でもポピュラーなのに、「乾燥じゃがいもなんて聞いたことがないぞ！おもしろいな～」と乾物への興味をかきたてられました。この乾燥じゃがいものペルーでの名前がパパセカです。スペイン語で、パパがじゃがいも、セカが乾燥したという意味になるので、そのままですね。

パパセカを食べてみたいと思い、お店の方に食べ方を聞いてみると、「一晩水に浸けて戻すこと。その後、鶏肉とピーナッツなどで煮込み料理にする」と教えてくれました。

世界中を人々が行きかい、暮らす現代。人だけでなく、食べものも世界中を移動しています。故郷から離れて暮らしていると、生まれ育った土地の料理を食べたいと思うこともあるでしょう。流通が発達して生ものの輸出入も可能ですが、「乾物なら常温で運べるので、海を越えて運ぶにも、ストックするにも便利だな」などと、つらつら考える帰り道でした。

この日のパパセカとのであいがきっかけとなり、乾物の世界へ入っていくことになりました。

パパセカ。コーヒーシュガーのような外見

東日本大震災のときに見た、ショッキングな光景

乾物について調べ始めて間もない頃、もうひとつ、乾物のポテンシャルを思い知ることになる大きな出来事が起こりました。２０１１年の東日本大震災です。震災の影響で、私たちが住んでいた地域では計画停電が行われました。冷蔵庫が使えないので、常温でストックできる高野豆腐などの乾物を買っておこうとスーパーマーケットに行きました。

生鮮食品売り場は、みごとにからっぽ。「乾物もあまり残っていないかも、出遅れたかも」と思いつつ乾物コーナーへ行くと、商品はずらりといつものように並んでいます。

これはどういうことだろう？

「常温で置いておけるのに、こんな時こそ乾物、と考える人がいないの？　使ったことがなく、乾物そのものが忘れられた存在なの？」と目の前の光景に戸惑い、複雑な気持ちになりました。

スーパーマーケットの乾物コーナーに並んでいた乾物はというと、切り干し大根、干し椎茸、昆布、煮干し、乾燥わかめ、海苔、豆類、高野豆腐、かんぴょう、ズイキ（芋がら）、きくらげ、麩、ごま……などなど。

野菜あり、きのこあり、魚あり、海藻あり、豆類あり……と多彩な食材が揃いました。震災直後でも私たちが住んでいる地域では、水道、ガスはふだん通り使うことができ、料理をすることには問題なかったので、これらの乾物におおいに助けられました。

考えてみれば、乾物は冷蔵庫のなかった時代から、保存性を高めて食べものが少なくなる時期への備えとして活用されてきたものです。必要に迫られ、さまざまな食材を乾物にしてきたからこそ、多彩な種類があるのだろうと思います。

この乾物使いの知恵を捨ててしまってはもったいない！

スーパーマーケットでこの光景を目にしたことで、ある種の危機感を覚え、乾物の道をアクセルを踏みこんで走ることになりました。

そして道を進むにつれ、乾物のポテンシャルに改めて驚き、今までは気づいていなかった乾物の世界も見えてきたのです。

2 乾物を使う5つのメリット

メリット① 乾物は「いつも」使えて「もしも」の備えとなる

震災のときに買ってきた乾物は、状況が落ち着いてからも、ふだんの食事として登場しました。「いつも」も使えるって、これ、災害への備えとしてすごいメリットではないですか！

東日本大震災後も、日本の各地で災害が相次ぎ、もしものために備えなければ、と考える機運は高まってきています。でも、実際に備蓄をしているという人は多くはないように感じます。ミドリ安全株式会社が2023年2月に行った調査では、防災食の備蓄率が59・9％と過去最高になりましたが、一方で35・7％の家庭が「防災食をまったく備えていない」と回答しています。また、1週間分の備蓄が推奨されていますが、「家族全員が3日以上対応できる量がある」と答えたのは、16・8%に過ぎませんでした。[*1]
地震や大雨などの自然災害がこれだけ目に見えて増えてきていても、いつ起こるかわからないことのためにお金も場所も割くとなると、後回しにしたくなる心情も理解できます。

では、いつも使っている食材がもしもの備えにもなるとしたらどうでしょう。備蓄というハードルは一気に下がりませんか？

「でも、乾物は水で戻さなくてはいけないし、料理に時間がかかりそうだし、水や火が使えない状況だとしたら、役に立たないじゃない」という声が聞こえてきそうです。

いえいえ。ここからが乾物のすごいところです。

もしものときにも乾物が使える理由をあげてみます。

- 常温で長期保存ができます。
- 乾物は水で戻すのではなく、水分で戻ります。ジュースや缶詰の汁などでも戻すことができます。

- 乾物の多くは、20分程度で戻ります。
- 加熱せずに食べられる乾物もたくさんあります。
- すでに切ってあるので生ゴミも出ず、包丁なしの調理も可能です。
- 添加物を使っているものはほとんどなく、素材がわかるので、アレルギーがある人も安心です。
- 野菜、海藻、魚、きのこ、豆、ナッツ、ドライフルーツなど、いろいろな素材があるので、栄養バランスを取りやすく、ふだんの食事内容に近いものを食べることができます。

もしものときに使いやすい乾物を写真に載せています。

ここに並んでいる乾物は、短時間で食べる状態にすることができます。

また、干し椎茸とパスタ以外は、加熱しなくとも食べることができます。

最近は、家庭での備蓄として「ローリングストック」が推奨されています。これは、ある程度の期間保存できるものを少し多めに買っておき、使ったら補充する、という方

もしものときに使いやすい、乾物の例

加熱が必要

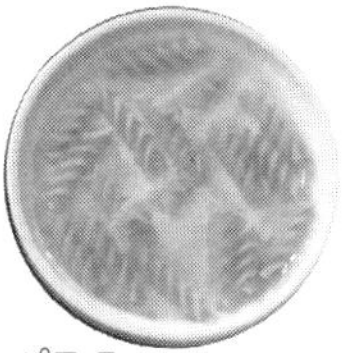
パスタ

スライス干し椎茸

加熱が不要

とろろ昆布

干しわかめ

棒寒天

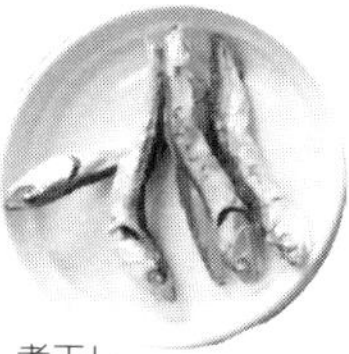
煮干し

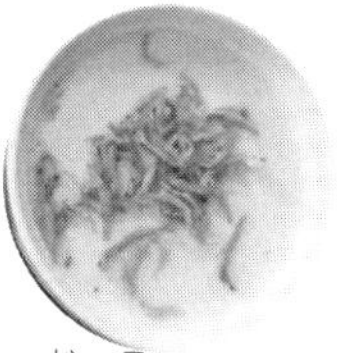
じゃこ

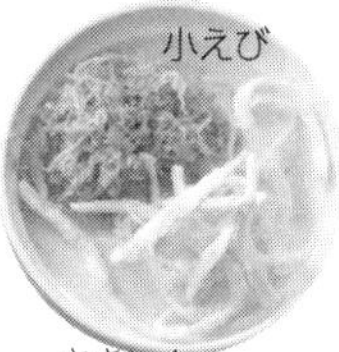

さきいか

高野豆腐

ドライフルーツ

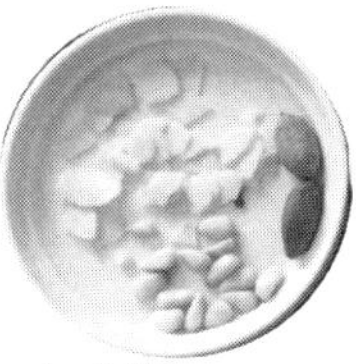
ナッツ類

オートミール

煎り大豆

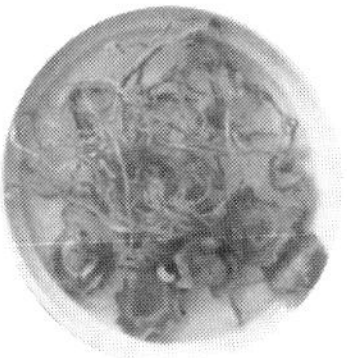
干しにんじん

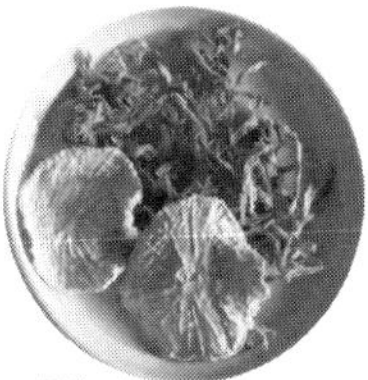
干し大根いろいろ

麩いろいろ

法です。この方法なら、一定の備蓄が常にあることになります。もしものときにも、食べ慣れない非常食ではなく、ふだん食べているものを食べることができるのです。

東日本大震災時、都心では、米が手に入らず食料調達が難しくなり、田舎の親戚から送ってもらうなどしていました。

山形県のある避難所でのお話です。避難所がある場所は、道路が寸断され、流通がスムースではないので、食べものもさぞ困っているだろうと想像します。ところが、その避難所では、避難してきた方たちが自宅にある漬物や乾物などの保存食を持ち寄って、みんなでわいわいと食事を楽しんでいたのだそうです。

保存食といっても、しまい込むものではなく、日々の食卓にも頻繁に登場し、食事を豊かにしています。日常的に保存食に親しむ習慣が、避難所生活の質を変えていたのです。

参照：乾物シフトのためのヒントレシピ1・2・6

メリット② 冷蔵庫がいらないから省エネになる

このところ、電気料金が上がり続けています。発電に使う燃料の多くを輸入している

電気料の値上がり（東京電力関東エリア）1kWh につき

2022 年 1 月分	- 0.53
2022 年 2 月分	0.74
2022 年 3 月分	1.83
2022 年 4 月分	2.27
2022 年 5 月分	2.74
2022 年 6 月分	2.97
2022 年 7 月分	4.15
2022 年 8 月分	5.10
2022 年 9 月分	6.50
2022 年 10 月分	8.07
2022 年 11 月分	9.72
2022 年 12 月分	11.92
2023 年 1 月分	12.99
2023 年 2 月分	6.04*
2023 年 3 月分	4.69*

* 2023 年 1 月使用分（2 月検針分）から 9 月使用分（10 月検針分）までは、政府の電気・ガス価格激変緩和対策事業による補助が決定しました。

出所：東京電力エナジーパートナーウェブサイト内「燃料費調整単価一覧表（低圧）、電気需給約款［低圧］の適用を受ける場合」をもとに作成。https://www.tepco.co.jp/ep/private/fuelcost2/pdf/list_202304.pdf

日本は、その輸入価格が電気料金にも影響してきます。ロシアのウクライナ侵攻、止まらない円安など社会情勢を考えると、厳しい状況は続きそうです。この社会情勢が反映される電気料金が「燃料費調整額」です。

我が家の電気使用量の明細を見てみました。

２０２２年１月分は、マイナス０・53円（kWh単価）でした。

ところが半年後の7月分は、4・15円、9月分は6・5円（上限金額5・13円だったはずですが、撤廃されました）、11月分は9・72円、1月分は12・99円となり、月ごとに確実に上昇していることがわかります。

電気料金値上げに加え、電力不足という言葉も聞かれるようになりました。6月に35℃超えの猛暑となったときには「電力需給ひっ迫注意報」も発令されました。電力が不足する背景については、火力発電所の老朽化、発電のための燃料の多くを輸入に頼っていること、脱炭素社会へのシフト、など多くの理由があげられそうです。

目の前にこの事態が起きている今、私たちにできることは、節電です。「使わない電気は消しましょう」、「待機電力が大きいものはプラグを抜きましょう」、「なるべく同じ部屋で過ごしエアコンの使用を減らしましょう」、など節電の仕方も、こと細かくメディアから流れてきます。

家電の中でも、電気を多く消費するものとして上位にあるのが冷蔵庫です。冷蔵庫は、24時間通電していないとただの貯蔵庫になってしまうので、節電しにくい家電といえるでしょう。

東日本大震災のときに冷蔵庫なしの生活を強いられたことで、わかったことがあります。それは、冷蔵庫に頼り過ぎていたということ。なーんだ、と思われるかもしれませんが、乾物の強みのひとつは、冷蔵庫なしで保存できることです。乾物に目線を合わせてみたら、節電、できそうです。

ふだんの料理に使う食材の一部を、常温で保存することができる乾物に変えてみたらどうでしょう。冷蔵庫は、中身がぎゅうぎゅうに詰め込まれていると、冷蔵能力が下がるといわれます。食材の一部を乾物にすることで、庫内に余裕ができるとともに、入れたり出したりの扉の開閉も減り、それだけでも省エネになります。

冷蔵庫がいらなくなるのは、家庭だけではありません。店舗もそうです。「電力需給ひっ迫注意報」が発令されたとき、スーパーマーケットでは店内の照明をいつもより落としていました。でも、生鮮食品のコーナーに近づくと商品を冷やすための冷気が通路にまで及び寒いほど。乾物を使う人が増えれば、店内の生鮮食品との占有比率が少し変わるかもしれません。ここでも節電になりますね。

産地から店舗に届くまでの輸送・流通の段階でも、乾物の場合は冷蔵庫がいらないことも付け加えておきます。

メリット③　乾物は軽いので輸送時の二酸化炭素排出の削減になる

乾物は、食べものから水分を抜くことによって保存を可能にしているので、当然ながら元の食材に比べてぐっと軽くなります。どのくらい軽いのか？　大根を例にとれば、スーパーマーケットで売られている青首大根が1本800g〜1200gくらいなので、1kgとしましょう。切り干し大根になった場合、これがどのくらいの重さになると思いますか？

実は100グラム程度になってしまうのです。大根の9割ほどが水分というわけです。

環境活動家のグレタ・トゥーンベリさんの活動により、二酸化炭素を多く排出する飛行機で移動するのは恥ずかしいことだという考え方が注目を集めました。「飛び恥」(Flight Shame) という言葉も生まれ、飛行機での移動を減らそうという動きも出てきています。

荷物の重量があるほど輸送時の二酸化炭素排出量は増えるので、農作物や海産物をそのまま運ぶより、乾物にして運ぶことで二酸化炭素削減になります。もちろんトラックなど陸路での輸送の際にも同じことがいえます。

買い物のときにも重さが10分の1になれば、楽ですよね！

メリット④　畑での食品ロス削減になる

収穫した農作物や海産物を無駄にしないために、それらを干すことで保存してきたのが「乾物」です。基本的には、太陽と風とがあれば干すことはできるわけで、最も取り組みやすい食物保存法といえるでしょう。

食品ロスの削減は、世界的な課題として取り上げられてきています。日本でも「食品ロス削減推進法（食品ロスの削減の推進に関する法律）」が２０１９年10月に施行されました。

畑では、値崩れを恐れて、できすぎた野菜を潰すことも行われています。また、市場流通に適さないからと、形が悪いだけではねられてしまう野菜が行きどころを失っています。

でも乾物にすれば、形の悪さは気にならないし、保存できる期間が長くなることで、旬を外れた時期に販売することも可能です。

ただ、それがうまく回るためには、乾物にして販売するだけではなく、売る側も、より多くの人に手軽に使ってもらえるように、例えば使い方のアイデアを発信する、レシピをつけて販売するなど、工夫をする必要があるでしょう。

鹿児島県指宿市でオクラを生産する（株）アグリスタイルでは、オクラをパウダーに加工したり、それを麺に練り込んだ製品を作ったりと工夫をしています。こうして乾物化することで、そのグループにとって4つのメリットがあるといいます。

❶台風の時期にも安定して販売できる。
❷賞味期限が長いのでロスが減る。
❸従来は捨てるしかなかった規格外の野菜や、価格が10分の1くらいに暴落してしまうこともある最盛期の野菜を有効利用できるので、新たな利益になる。
❹地域の特産品を乾物加工することで行政やメディアとの関わりが増えた。

野菜などを乾物にすることは、農の現場での食品ロス削減、農家の所得向上に役立ちます。

このように、乾物という考え方は、食品ロス削減に大きく貢献できる可能性を持っているのです。

メリット⑤　家庭での食品ロス削減になる

乾物の賞味期限は、概ね6か月以上です。なかには数年もつものもあります。乾物は賞味期限が長いから、使い切ることができるのです。

例えば、大根1本を使い切ろうと思ったら、少人数の家庭ではなかなか難しいのではないでしょうか。でも切り干し大根であれば半年以上は日持ちするので、先週は煮物に、今週はサラダに、来週は炊き込みご飯にと、長い時間をかけて小分けにして使い切ることができます。参照：カラー口絵4・5・7、乾物シフトのためのヒントレシピ1・3〜7

捨てた後のことも考えてみましょう。生ゴミとして食材を捨てると、ゴミ処理場で焼却されることになります。生ゴミには水分が多く含まれていますが、先にも書いたように水分含有量が6割程度になるまでは、水を燃やしているようなものだといいます。貴重なエネルギーを無駄に使うことになってしまいます。生ゴミ乾燥機が売られているくらいなので、講座に参加してくれる方々にはよく冗談で「捨てるにしても乾物にしてからの方がいいいんですよ」と話しています。

3 発見！ 乾物の新しい使い方

乾物は和食のためのもの、という誤解

乾物というと、和食のイメージが強いように思います。でも、私たちが乾物に改めて目を向けるきっかけになったパパセカはペルーのもの。ペルーの「カラプルクラ」という料理は、ピーナッツと肉とともに煮た塩味の料理です。

そもそも乾物とは、食べものから水分を減らすことによって保存性を高めたものです。と考えると、和食に限らず、さまざまな味付けにしてもいいではないですか！

日本では、しょうゆや味噌が調味料として使われてきました。乾物料理もおのずとしょうゆや味噌味が多いのも無理はありません。切り干し大根だって、ペルーだったら、しょうゆ味の煮物にはなっていなかったはず。実際、切り干し大根は戻してサラダにしても

いいし、カレーに入れてもおいしい。高野豆腐を麻婆豆腐にするのもおすすめ。干し椎茸だってしょうゆ味の煮しめはもちろんおいしいけれど、トマトシチューに入れてもいい。乾燥わかめだって、ヨーグルトや生クリームなどの乳製品と合わせてみたら新しいおいしさを発見できました。

今は、中華、フレンチ、イタリアンだけでなく、アジアやアフリカ、中東、南米などいろいろな国の料理が入ってきています。レストランで食べるだけでなく、家でもこうした料理を作る人が増えています。最近のスーパーマーケットのスパイスコーナーの充実ぶりには目を見張ります。海外のおいしい知恵を取り入れると、乾物の使い道はぐっと広がります。

「乾物＝和食」、というイメージは捨てましょう。乾物はシンプルな食材なので、和食以外にも自由に使えます。参照：カラー口絵1〜9・11・14、乾物シフトのためのヒントレシピ3・7・8・11

乾物は「水」ではなく、「水分」で戻す

乾物の研究を始めて間もない頃、車麩はパンに似ていると思い、これでフレンチトー

ストを作ってみました。それなりにおいしいけれど、ちょっと水っぽいと思っていたある日、ピンときました。車麩は水で戻してから使うものと思っていたけれど、水で戻さずに、フレンチトーストの卵液にそのまま浸けたらどうなんだろう、と。

乾物って、戻すというプロセスが「面倒くさい食材」というイメージを作っているようにも思います。戻すという手間が、一つ余計なプロセスが加わると捉えられるのでしょう。そうではなく、料理に必須の味付けのプロセスと考えてみてはどうでしょう？

車麩を水で戻さずに、卵と牛乳と砂糖の液に浸けて焼いてみたら、水で戻してから液に浸けるより、ずっとおいしくできました。

「水」で戻すのではなく、「水分」で戻す。こう考えることで、乾物の可能性はさらに広がりました。

「ヨーグルトで戻す」「ジュースで戻す」「ドレッシングで戻す」、いろいろと試してみました。乾物をヨーグルトで戻してみると、ヨーグルトの水分（ホエー）を乾物が吸って、残りは水切りヨーグルトの状態になります。切り干し大根や干しにんじんなら、まわりについたヨーグルトがサラダの味付けに一役買います。乾燥わかめは、ヨーグルトで戻

ストックしておけば時短になる乾物いろいろ

戻さずOK！そのままで食べられる	汁物にそのまま入れられる	戻し時間が20分未満	戻し時間が7〜8時間	番外編
ドライフルーツ ナッツ のり 桜エビ ジャコ 鰹節 煮干し	板麸／小町麸 スライス干し椎茸 切り干し大根 干しにんじん 乾燥わかめ 春雨 高野豆腐 レンズ豆 打ち豆 煎り大豆 ドライトマト 乾燥ほうれん草 煮干し	スライス干し椎茸 切り干し大根 干しにんじん 乾燥ほうれん草 高野豆腐 棒寒天	一般的な豆類 干し貝柱 干し椎茸 昆布水 煮干し出汁	ひじき …30分水戻しして流水で洗う 車麸 …1時間程度

① 戻しに必要な時間は、意外と短いものも多い！

② 戻すのに一晩かかる乾物も、作業時間はたった数分、戻している間は自由時間！

したらシャキシャキに戻ります。

水ではなく水分で戻すことで、乾物は新たな顔を見せてくれました。缶詰やペットボトルの水分を使えば、どちらも常温で保存できるなので、もしものときにも活躍します。参照：カラー口絵3・9、乾物シフトのためのヒントレシピ1・2・4・8〜10・13

乾物を使えばむしろ時短料理になる

「20分でご飯を作れるようになる」

雑誌やウェブなどでそんな言葉を見ることがあります。忙しいときに、「料理にかける時間を短くしたい！」と思うのはよくわかります。

でも、何のための時短？　というのを一度振り返ってみませんか？

仕事から戻って、「お腹をすかせている家族に早くご飯を食べさせなくちゃ！」と、急いでご飯を作って無事みんなで食べることができたとします。

もちろん20分で「いただきます！」ができた達成感はあるかもしれませんが、でも食べるのってあっという間。「とにかく早く！」が最優先になってしまうと、楽しくご飯を作れなくなり、食べるのさえゆったりした気持ちになれず、疲れてしまいますよね。

乾物の活用法の研究を始め、日常的に乾物を使うようになって、少し先の食卓を意識することが以前より増えました。

例えば豆を食べようと思えば20分でできあがり、というわけにはいきません。切り干し大根も戻し時間が15分くらいかかり、私たちが考案した「乾物ヨーグルト」という手法だと、乾物をヨーグルトと混ぜて冷蔵庫で8時間おく必要があります。

でも、戻すための作業にかかる時間は1分もかかりません。戻している間は遊んでいようが寝ていようが自由です。

乾物には、皮を剥いたり切ったりしてあるものが多いので、包丁なしでの料理も可能です。その分洗いものも減ります。そして生ゴミも出ません。

乾物を戻し始める時間からカウントすると、料理ができあがるまでにかかるトータル時間は長くなりますが、手を動かす実働時間はむしろ短くなるかもしれません。食事を作り始める時間、あるいは意識し始める時間を前倒しすることで、気持ちに余裕が生まれ、バタバタと慌てることなく食事作りができるようになります。味も、よりおいしくなるし、何より気持ちが落ち着くように感じられるのです。

自分や家族がハッピーになれる時短なの？

そんなことも考えてみて欲しいなと思います。

乾物を使うことによって、時短の概念が変わるかもしれません。参照：乾物シフトのためのヒントレシピ10

注

（＊１）「２０２３年度 家庭の防災対策実態調査」ミドリ安全株式会社ウェブサイト https://ec.midori-anzen.com/img/event/3/press2023/press230227.pdf#zoom=100

わかめ
流れの強い海によって、もまれながら成長していく。流通しているものの多くは、湯通しした「塩蔵わかめ」やそれを塩抜きし乾燥させた「カットわかめ」である。塩を使わない島根県の「板わかめ」や徳島県の「灰干しわかめ」もある。

ひじき
山から海に流れ込んだ栄養を吸収し、荒波にもまれることで太く良いものになる。干潮の時に太陽の光を受けて、成長していく。岩場に生えているものを刈取るので、天然のみ。

さくらえび
水深400mの深海から引き上げられ、天日で乾かす。春と秋に収穫。生息数が少ないため、静岡県の指定の湾での漁しか許されていない。

昆布
海水温が一定温度以下にならないと受精しないため、温かい海では育たない。冷たい荒波にもまれ成長する。水温が下がらない年は天然ものが減る。利尻、羅臼、日高、道南（真昆布）と、とれる地域で種類が異なる。

のり
山からの栄養が流れ込む湾で養殖されている。水温がある程度下がらないと発芽しないため、水温があまり下がらない年は生産量が減る。

煮干し
脂の少ないカタクチイワシの幼魚や若魚を真水で洗浄し、塩水でゆでてから乾燥。力強いダシがとれる青口とあっさりして甘みを感じる白口がある。アジやトビウオ（アゴと呼ぶ）、タイ等の煮干しもある。

切り干し大根
大根を千切りにしたものを、冬の天候のよい日を選び、強い風の吹く場所で天日干しに。短い日数で乾いたものほど質が良い。宮崎県が9割以上を産出。

棒寒天
冬に雪が少なくて、気温が0℃以下になる地域で作られる。凍った寒天が、日中の暖かさで溶け、また夜に凍ることを繰り返し、3週間ほどかけて作られる。長野県茅野市が主な産地。

凍み（高野）豆腐
水切りした豆腐が凍ったり溶けたりを繰り返して、3週間ほどかけてスポンジ状の多孔質の乾物に。現在は多くが年間を通して工場で作られる。高野豆腐という呼び名が一般的。

干し椎茸
原木栽培と菌床栽培があり、国産のほとんどは原木栽培。菌床は6か月、原木は2〜3年目に芽が出て収穫できる。程よい温度、湿度と光、適度な風が必要。温度が低すぎると発生しない。春と秋に収穫後、乾燥させる。

かんぴょう
真夏に収穫したユウガオの実を、帯状に長くむいて乾燥させる。滋賀県(近江)の藩主が栃木県(壬生)に領地替えになり、栃木県に製法を伝えた。水はけが良い土壌と夕立ちの雨が多く、また、暑い夏の天候が適していた。

大豆
たんぱく質が多く、畑の肉と言われる。稲の近くにまくと、米の収穫量が増えると言われている。全国で作られ、納豆やきな粉、湯葉等、様々な加工がされている。

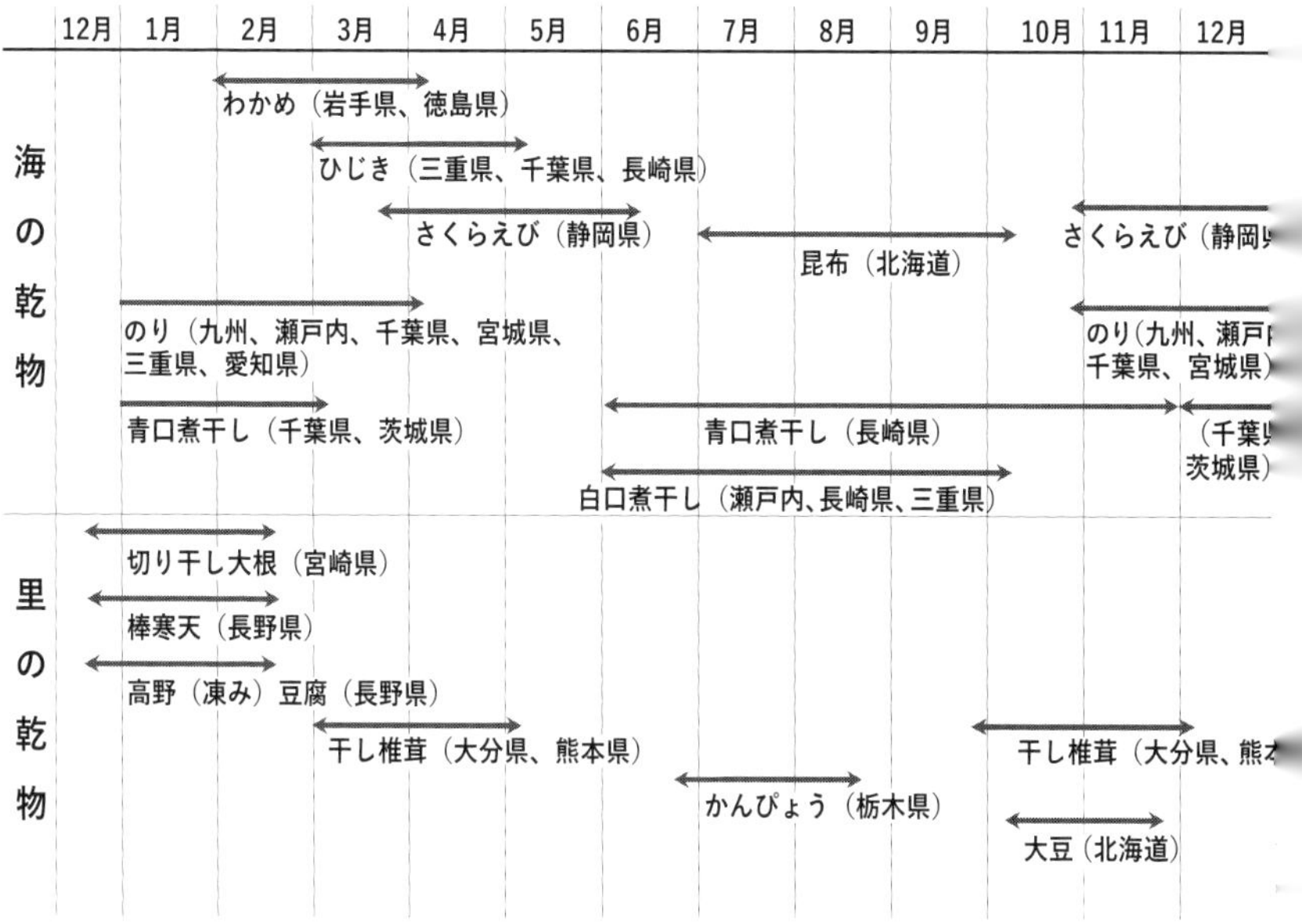

乾物にも旬がある──乾物カレンダー

最近は、春先に生わかめをスーパーで見かけるようにもなりました。そのままだと日持ちがしないので塩蔵したり乾燥させたりすることで、周年使えるようにしていることに気づいている人はどのくらいいるでしょうか。

乾物はいつも店頭にあるので季節感がないかもしれませんが、1年のある時期にだけ採れるものを、無駄にせず1年間食べ続けていけるようにするための保存の知恵でもあるのです。

切り干し大根も、大根の旬である冬に収穫して一気に作ります。豆類も秋に畑でさやのままカラカラに乾いたものを収穫して「新豆」として売り出します。乾物は、旬の最高のおいしさを保存しているのです。

日本は乾物の種類が多い国の一つです。乾物を使い、食べていくことは、引き継がれてきた伝統を未来に新たな形で引き継ぐことになると思いませんか。

情報協力　下田商事（株）

乾物シフトのためのヒントレシピ 1

水不要、加熱不要 ツナ缶で戻す切り干し大根

もしものときには、乾物を缶詰やジュースなどの水分を使って戻しながら調味する方法をおススメします。この料理は、乾物と缶詰、常温で保存できる梅干しを使って作ります。

〔材　料〕

❶　水ゼロバージョン

A〔切り干し大根 15g、ツナ缶ノンオイル無塩　1缶（70g）、塩昆布 2g、梅干し 1個〕
白いりごま　適量

❷　水少しプラスバージョン

A〔切り干し大根 30g、ツナ缶ノンオイル無塩　1缶（70g）、塩昆布 2g、梅干し 1個、水　缶1杯分〕
白いりごま　適量

〔作り方〕

1．Aをよく混ぜ、15分ほどおく。
2．器に盛って、ごまをふる。

乾物シフトのためのヒントレシピ 2

フルーツ缶詰で戻す寒天入りスイーツ

ミカン、ミックスフルーツなど好みのフルーツ缶詰に、棒寒天をちぎって入れるだけ！もしもの際には、ほっこりできるスイーツも欲しくなるもの。棒寒天をちぎって缶詰に入れて数分おくだけでも立派なスイーツができあがります。
棒寒天は、水溶性の食物繊維を多く含んでいるので、便秘になりがちなもしものときに摂りたい食材のひとつです。

数種の干し大根のサラダ

野菜サラダといえば、フレッシュな野菜を使うという思い込みを捨てて、干し野菜でつくってみませんか。
このサラダは、もとの野菜はどれも大根ですが、干し方によって異なる食感や味わいが面白く、乾物ならではのおいしさが広がります。

〔材　料〕
切り干し大根、割り干し大根、輪切り大根、ゆで干し大根など各5g程度

〔戻し時間〕切り干し大根、ゆで干し大根は10分程度、輪切り大根は10分〜50分、割り干し大根は1時間程度。
輪切り大根は商品によって戻し時間に大きな差があります。

〔作り方〕
1．戻した干し大根を、好みのドレッシングで和える。

ごま&しょうゆドレッシング

〔材　料〕（作りやすい分量）
白すりごま大さじ3、たまねぎ1/4個、にんじん1/4、にんにく1/2かけ、油100ml、酢・しょうゆ各50ml、砂糖大さじ2〜3、ねりごま大さじ1

〔作り方〕材料すべてをフードプロセッサーにかける。フードプロセッサーがない場合は、たまねぎとにんじんをすりおろし、他の材料とともによく混ぜる。

乾物シフトのためのヒントレシピ 4

ヨーグルトで戻した切り干し大根の豚キムチ

ヨーグルトで戻すことで深みのある味に！

〔材　料〕

切り干し大根 25g、プレーンヨーグルト 75g、豚こま切れ肉 100g、白菜キムチ 100g、ニラ 30g、油 適量、しょうゆ 適量

〔作り方〕

1. 切り干し大根とヨーグルトをよく混ぜて、蓋つき容器に入れ、冷蔵庫で8時間戻す。
2. フライパンに油をひき、豚肉を炒め、色が変わったら1と食べやすく切った白菜キムチを加える。全体に火が通ったら4cm長さに切ったニラを加え、ひと炒めし、しょうゆで調味する。

乾物シフトのためのヒントレシピ 5

しょうが風味の干し大根飯

生から作る大根飯とは違って、大根を千切りする手間も、水分を飛ばすために15分以上炒める手間も不要。

〔材　料〕2～3人分

米 2合、やや太めの切り干し大根 20g、酒 大さじ1/2、しょうがの千切り10g、塩・黒コショウ 各少々

〔作り方〕

1. 米は研いでおく。
2. 炊飯器に1を入れ、酒を加えて通常の水加減をし、さらに20mlの水（分量外）を加える。
3. 切り干し大根としょうがを加え、普通に炊き上げる。
4. 好みで塩、黒コショウをふる。

乾物シフトのためのヒントレシピ 6

乾物スープ

乾物さえあれば、手軽においしいスープができあがります。それぞれの乾物から出る旨味が出汁となり、乾物そのものが具にもなります。味付けは、塩味のみでも、カレー味でも、もちろんしょうゆ味でもOK!

〔材　料〕1人分

A〔輪切り大根 3g、スライス干し椎茸 3g、打ち豆 5g、乾燥切り昆布 1g、乾燥小エビ 3g、水 250ml〕
B〔クコの実 5g、春雨 10g〕
ナンプラー 適量、パクチー適量

〔作り方〕

1. Aを鍋に入れて火にかけ、沸騰したら弱火にして15分ほど煮る。
2. 1にBを加え、春雨が柔らかくなったら、ナンプラーで味を調える。好みでパクチーを散らす。

乾物シフトのためのヒントレシピ 7

切り干し大根と高野豆腐の麻婆

高野豆腐で作ると崩れる心配もなく、おいしさがじゅわっときて新鮮！

〔材　料〕

高野豆腐 2枚、豚ひき肉 100g、切り干し大根 10g、水 100ml
A〔しょうが・にんにくみじん切り 各小さじ1、長ねぎみじん切り 大さじ2、豆鼓（トウチ）粗みじん切り（あれば） 大さじ1/2、豆板醤 大さじ1〕
B〔鶏ガラスープ 100ml、しょうゆ 大さじ1/2 、紹興酒（なければ酒） 大さじ1/2、オイスターソース 大さじ1/2、甜麺醤 大さじ1/2〕
水溶き米粉（米粉 大さじ1、水 大さじ2で溶く）、花椒（ホワジャオ、中国山椒）パウダー 小さじ1/2、ごま油 少々、油 適量

〔作り方〕

1. 切り干し大根は、100mlの水で戻したら、水を絞ってざく切りにする（戻し汁はとっておく）。
2. 高野豆腐は、水（分量外）に数十秒浸けて戻し、1.5cm角に切る。
3. 中華鍋に油とAを入れて弱火で香りがたつまで炒める。
4. 3に豚肉を加え中火で炒め、肉の色が変わったら、1と2を加えてさっと炒める。
5. Bと1の戻し汁を加えて5分ほど煮たら、水溶き米粉でとろみをつけ、ごま油をひとたらししたら、花椒粉をふる。

乾物シフトのためのヒントレシピ　*8*

車麩のフレンチトースト

お麩はタンパク質たっぷり。食パンで作るより食感アップ！

〔材　料〕

車麩　2枚

A〔卵 1個、牛乳 100ml、砂糖 小さじ1〕

バター 大さじ1

メープルシロップ 適量

ココナッツファイン* 大さじ2　*ココナッツの実を細かくして乾燥させたもの

〔作り方〕

1. Aをよく混ぜたら、車麩全体に行き渡るようにして、ふた付き容器に入れ冷蔵庫で7～8時間戻す。
2. フライパンにバターを溶かし、1の両面を弱火でじっくり焼く。
3. メープルシロップをかけ、ココナッツファインをふって仕上げる。

乾物シフトのためのヒントレシピ　*9*

ドライフルーツと乾燥ほうれん草の白和え

豆腐の水分を吸って乾物が戻るので、豆腐の水切り不要。常温保存の豆腐があればもしものときにも作れます。

〔材　料〕

レーズン 20g、ドライマンゴー 20g、豆腐 150g

A〔白練りごま 大さじ2、しょうゆ 小さじ1/2、砂糖 小さじ2〕

乾燥ほうれん草 4g

〔作り方〕

1. 豆腐をよくつぶし、レーズン、食べやすい大きさに切ったドライマンゴー、乾燥ほうれん草を混ぜて30分ほど戻す。
2. 1にAを加えてよく混ぜる。

乾物シフトのためのヒントレシピ　10

ヨーグルトで戻した煎り大豆とりんごのサラダ

ほとんどの豆は半日ほどかけて戻して、さらにゆでるというプロセスがありますが、煎り大豆をヨーグルトで戻せば、豆料理がぐっと身近に。

〔材　料〕

煎り大豆 150g
たまねぎ 1/4個
りんご 1/4個
水菜 5g
A〔マヨネーズ 大さじ1、
レモン汁 小さじ2、
塩 小さじ1/2、コショウ 少々〕

〔作り方〕

1. 煎り大豆とヨーグルトをよく混ぜて、ふた付き容器に入れ、冷蔵庫で8時間戻す。
2. 1、みじん切りにしたたまねぎ、1cm角に切ったりんご、1cm長さに切った水菜をAで和える。

＊戻した煎り大豆とお好みの野菜を組み合わせて、サラダを楽しんでください。

＊戻した煎り大豆は１週間ほどもちます。ハンバーグなどに入れて、大豆入りハンバーグにしたり、カレーに加えたりするのもおすすめです。

第2章 野菜を干して乾物にすると、いいことがいっぱい！

1 みんなが野菜を捨てずに干して保存するようになったら？

野菜を干すと、いいことがいっぱい

日本の食品ロスのうち、最も多いのが野菜だって知っていますか？　安いからと、ついい食べきれない量を買ってしまうのが一番の原因かもしれません。

野菜を干すメリット①ムダなく使い切れる

冷蔵庫の片隅で無惨な姿になった野菜を処分するとき、「またやっちゃった」とプチ自己嫌悪になったことが私たちにもあります。でも、野菜を干すようになってから、そういうことはほぼなくなりました。

野菜を干すメリット②多くの種類を常にストック可能

少人数の家庭では、たくさんの種類の野菜を食べたいと思っても、全部は食べきれないからと決まった数種類だけの利用になりがちかもしれません。でも干すという選択肢を加えれば、多くの種類の野菜をストックすることができます。それも常温で。そしてこれは、もしものときに安心な備蓄にもなります。

さらには干すことで旨味や甘味が増したり、野菜臭さが薄らいだり、栄養価が上がったりすることも多いのです。例えばエノキダケは、干すことで細胞壁が壊れ、その中に含まれている、脂質吸収抑制作用があるキノコキトサンの吸収率が大幅に上がるとされています。[*1]

参照：乾物シフトのためのヒントレシピ11

輪切りやくし切りなど、好きな形の干し野菜が作れる！

すぐに使いきれないと思ったら、早めに干す。そして干した野菜をおいしく食べる方法も身に付けておけば、いつもの料理が楽になり、もしものときも、慌てず料理ができるようになりますよ。

野菜を干すメリット③
好きな形の干し野菜を作れる

また、自分で野菜を干すようになるとこんな楽しみもあります。

増えてきたとはいえ、まだまだ市販の干し野菜の種類は少ないです。でも自分で干すなら、好きな野菜を乾物にできるし、干し大根一つ作るのでも、輪切りにしたり、太めの千切りにしたりと、形も自由。形や厚みが変われば食感も変わります。参照：カラー口絵1、乾物シフトのためのヒントレシピ3・11〜13

普通のスーパーマーケットでは入手しにくい、例えばタイの野菜の「カー」（ガランガル、しょうがの一種）など、買うとすぐに乾物にすると便利です。毎日のように使うものではないのですぐには使いきれませんが、こうしておけば、タイ料理が食べたい！　と思ったときに使うことができます。

2 やってみれば簡単！ 野菜の干し方

野菜を干すって、始める前は、ちょっとハードルが高いと思う人も少なくないようです。

「昼間は留守がち。外に干しておいて雨に降られたら困る」

「幹線道路沿いに住んでいるから排気ガスが気になる」

「なんだか難しそう」……などなど。

でも大丈夫。外で干すに越したことはありませんが、家の中でも干すことはできます。

野菜の種類ごとに3つに分類した干し方を理解して、いくつかのポイントを守れば、失敗なく干し上がります。特別な道具も要りません。そして半年以上保存することができるんです。

□用意する道具

包丁、まな板、ピーラー、干し網やざるなど

あると便利なもの＝千切りピーラー（シリシリ器、スライサーなど）

□野菜の干し方３種類

①　切って干す

ほとんどの野菜は生のまま切るだけで干すことができます。きのこ類も、小房に分けたり、大きければ切ったり裂いたりして干すことができます。

②　アクを抜いてから干す

切った野菜を３％程度の酢水に15分ほど浸けてから水分を拭いて干します。なす、ごぼう、蓮根など、アクのある野菜はこの方法で。切って干すだけだと黒く変色してしま

家庭にあるざるなどで、簡単に干せます。

カリフラワーを干す。左側は、生のまま干したもの。右側は、茹でてから干したもの。

い、料理に使う気が失せるだけでなく、特に初心者の場合は腐ったものとの区別がつかず、結果捨ててしまうことにもなりかねません。

③　茹でてから干す

ブロッコリーやカリフラワーなどの果菜、ほうれん草や小松菜、レタス、白菜などの葉物は、さっと茹でてから干すと、不思議と早く色よく干すことができます。

□ **気をつけるポイント**

空気が乾いている日に干し始めましょう。雨の日や直後の湿気が多い日はＮＧ。

重ならないように干しましょう。

慣れるまではなるべく細く、薄く切ってください（空気に当たる面積を大きくするため）。

□野菜別　気を付けるポイント

にんじん……皮をむいてから干す

にんじんは表面にポリフェノールがたくさん含まれており、ゴシゴシ洗ったり切ったりすることで細胞壁に傷がつくと、細胞壁の中にあるポリフェノールオキシダーゼ（酸化酵素）が出てきて反応し、黒くなることが知られています。ポリフェノールは体によい成分とはいわれているので、慣れてくればそういうものと思えますが、慣れないうちは、皮をむくのがおすすめです。

ピーマン、パプリカ……途中で手でしごいて、まっすぐにのばす

ピーマンやパプリカは皮の部分と身の部分との収縮率が違い、乾かしている間にねじれて丸まってしまうことがあります。身の側が中になって丸まることが多いので、水分が乾かずにそこからカビてしまうことがあります。干してから丸まってしまいそうになったら伸ばします。一度しっかり伸ばせば、そのあとは大丈夫です。

畳の部屋でも野菜は干せる！

□Q&A

家の中で干す場合、特に注意する点はありますか？

……加湿器を使っている部屋など、湿気の多いところで干すのは避けましょう。

……風通しのいいところ、日当たりのいいところ、あるいはストーブなどで乾燥しているところがおすすめ。


干し上がりの目安はどのくらいですか？

……天気によっても違いますが、3〜4日から1週間程度で干し上がります。


もしも途中で天気が悪くなったら？

……扇風機を当てれば、湿気が多い日でも室内で干すことができます。

雨に当たってしまったら?

……一度洗ってから再度干すことも可能です。

カビのようなものが見えるのですが?

……心配な場合は、その部分を取り除きましょう。カビないようにするために、一日一度はチェックするようにしましょう。

□干した野菜の保存方法

機械乾燥のものや、スーパーマーケットなどで一般流通しているものとは違って、家で干した野菜は、水分が部分的に残っていることがあります。こうした状態で密封してしまうと、保存しているうちに、そこからカビが発生してしまうことも。

通気性のある紙箱、紙袋、木箱などに保存しましょう。

梅雨時などひどい湿気のときには、早く使い切るか、冷蔵庫などに緊急避難させてください。ただ、冷蔵庫も開け閉めすることで湿気が出やすいので、いずれにせよ昔からいわれるように「乾物は梅雨前に使い切る」と心得るのがいいと思います。

□干して満足しない！

そして大事なのは、干して満足しないこと！
干したはいいものの、それをどう使うかを知らないと、せっかく手をかけて干したのに、最終的にゴミになってしまうことにもなりかねません。おいしく無駄なく食べ切りましょう。

注
（＊1）「肥満モデル動物におけるキノコキトサンの抗肥満効果」『日本きのこ学会誌』21巻1号 https://www.jstage.jst.go.jp/article/msb/21/1/21_KJ00008639248/_article/-char/ja/

乾物シフトのためのヒントレシピ 11

別茹でなし！3種の干しきのこのパスタ

「干しているからこそ」のきのこの食感と旨味！

*干しきのこの作り方は、037頁の「切って干す」を参照。

〔材　料〕

オリーブオイル 適量、にんにくみじん切り 1かけ分、ベーコン短冊切り 40g、白ワイン 大さじ2

A〔ペンネ 180g、干しきのこ（合わせて）30g（エノキダケ、しめじ、エリンギなど好みのきのこ）、切り昆布 4g〕

塩・コショウ 適量

〔作り方〕

1. 蓋ができる鍋にオリーブオイルをひき、にんにくとベーコンを弱火で炒めて香りと脂を出したら、白ワインをふる。
2. 1にAを加え、水（分量外）をひたひたになるまで入れて蓋をし、沸騰したら弱火にしてペンネの標準茹で時間、火を通す（途中一度かき混ぜ、水が足りなかったら足して構わない）。
3. 塩で味を調え、コショウをふる。

乾物シフトのためのヒントレシピ 12

干したごぼうの炊き込みご飯

ごぼうを干しておくのは特におすすめです。少人数家庭だと、ごぼうを1本使い切るのはなかなか大変ですよね。一方で、豚汁や煮物など、ごぼうが少し入るとおいしくなる料理もあります。ごぼうを干しておけば、そんなときにちょっとつまんで入れるだけでOK。とても便利です。

*アクの抜き方は037頁の「アクを抜いてから干す」を参照。

〔材　料〕2～3人分
米 2合、干しごぼう（千切りまたは斜め薄切り） 20g、
水 600ml、ザーサイ 20g（みじん切り約大さじ2）、酒 小さじ2、
ごま油 少々

〔作り方〕
1. 米は研いで水切りし、干しごぼうと分量の水とともに20分ほど浸水する。
2. ザーサイ、酒、ごま油を加え、普通に炊き上げる。

乾物シフトのためのヒントレシピ 13

輪切り大根と甘酒のべったら漬け風

輪切りの干し大根を作ったら、ぜひやってみていただきたいのが、甘酒で戻すこと。たったこれだけでべったら漬け風の箸休めに！

*輪切り大根の作り方は037頁の「切って干す」を参照。

〔材　料〕
輪切り大根（3～4mm厚さの輪切り。皮付きでもOK）15g、
甘酒 100ml、塩 小さじ1/4

〔作り方〕
1. 甘酒に塩を混ぜ、輪切り大根を浸し、一晩（7～8時間）置く。

第3章　家で米粉を使うだけで、未来が変わる！

1　一家に一袋、米粉があるようになったら？

なぜいま、米粉？

ウクライナ危機以降、小麦粉が今までにない勢いで値上がりしています。小麦の政府売渡価格が2022年4月期に17・3％上がりました。秋には政府のてこ入れで据え置かれましたが、主な小麦生産国での不作、ロシアの輸出規制やウクライナ情勢、さらには円安などが重なり、先の見えない状況が続いています。

実は、私たちが米粉の研究を始めた2007年頃、今と同じように小麦、コメ、トウモロコシなどの穀物が高騰していました。そのときの主な原因は、小麦産地の凶作、バイオ燃料ブームなどでした。

多くを輸入に頼っている小麦（小麦の自給率は2008年に9％、2020年に15％）は、国際情勢に大きく左右されます。政府がパンや菓子などに使う小麦粉を国産の米粉に置きかえることができないかと政策を打ち出したことで、米粉という呼び名が一般に広く知られるようになりました。

新たな米の使い道を拡げていく一方で、1970年代から始まった減反政策も変わらずに行われていました（減反政策は2018年に終了しています）。1960年頃には日本人1人当たりの米の消費量は118・3kg（1962年度）でしたが、2000年代にはほぼ半分になり、さらに2021年度は51・5kgにまで落ち込んでいます。

「家庭でも、米粉を使えないだろうか」「米を粒のまま食べることに加え、米粉を使った新しい食べ方の提案をしていくことで、食卓を豊かにできるのでは？」、私たちはそう考えました。パンやお菓子だけでなく、家庭での料理に広く取り入れることができれば、米粉の消費が促され、田んぼに稲が実る風景も守れると思ったのです。

田んぼのある風景の価値

米粉を食べる人が増え、田んぼが残ったら、何が変わるでしょう。
田んぼのある風景が、実はこんな効果ももたらしているのです。

❶水害を抑えることができる～田んぼはダム！

温暖化のためか、雨の降り方が最近は変わってきたように思います。アスファルトで舗装された道路や切り開かれる森が増えると、保水力が弱まり、災害も発生しやすくなります。畔に囲まれた田んぼは、畔の高さまで水を貯めることができ、実は小さなダムの役割を果たしています。

関東農政局ウェブサイトの「『農』の驚くべき機能」の「水田はダム⁉洪水防止のはたらき」[*1]によると、関東平野には約28万5千haの水田があり、溜められる水の量は、およそ5億8千万㎥だそうです。利根川水系の洪水調整用ダム11か所の貯水量は合計で約6億4千万㎥とのことですので、田んぼの貯水能力がいかに高いかがわかります。

農業農村の多面的機能について
出所：香川県土地改良課提供
https://www.pref.kagawa.lg.jp/tochikai/midori_info/function.html

❷夏の暑さを和らげる〜クーラー効果

コンクリートのビルに囲まれアスファルト舗装された道を真夏に歩いていると、とにかく暑い！ ですね。土が多いところ、緑が多いところとは違うのは誰もが感じていることでしょう。田んぼは、さらに水が張られていることで、気化熱によるクーラー効果もあるのです。同じく「『農』の驚くべき機能」[*2]によると、夏の水田の気温低下の能力は平均マイナス１・３℃と試算されています。

❸水を育てる

田んぼには土の層があり、水はそこを通るうちに濾過され、水路を流れる間にもごみが除去されます。地下水の水質の浄化にもつながっています。

主食の米がある安心

このところの国際情勢をみると、「食料保護主義（Food Protectionism）」も進んできています。例えば、世界で最も砂糖を生産する国であるインド政府が国内の在庫水準を高めるため、２０２２年度の砂糖の輸出枠の上限を決めたニュースは世界を駆け巡りました。インドは、白糖については、タイに次いで世界第2位の輸出国です。それに先立って、小麦の輸出制限も決めています。

また、マレーシアが２０２２年6月から鶏肉の輸出を規制する方針を打ち出し、月間３６０万羽分の輸出を止めました。食料自給率が10％に満たないシンガポールでは、国内消費量の3割以上の鶏を生きたままマレーシアから輸入して国内加工してきましたが、マレーシア政府は「最優先すべきは自国民だ」（イスマイル・サブリ首相）として6月１日から禁輸に踏み切りました。

国際食料政策研究所（ＩＦＰＲＩ）によると、ウクライナ侵攻後に食料の輸出を制限した国は20以上に及んでいます。２０２２年6月17日に閉幕した世界貿易機関（ＷＴＯ）の閣僚会議では食料輸出規制が主要議題になり、過度な制限を抑制することで合意しています。*3、4

食料が品薄になれば、輸出よりも自国の国民を優先するのは、あたりまえのことだと思います。お金があっても、食料を買うことができるとは限らないのです。

２００５年から２００８年にかけて、バイオ燃料化、原油価格の高騰、自然災害などが重なり、世界的に食料価格が大幅に上昇しました。自国の食料を確保するための輸出制限を行う国もありました。

フィリピンでは、１９９０年代以降、人口増に比べてコメの生産量が増えず、コメが主食であるにもかかわらず慢性的にコメ不足の状態にありました。そのため国外からの輸入に頼らざるを得ず、２００８年当時、フィリピンは世界最大のコメ輸入国だったのです。

そこにコメを含む食料価格の大幅アップで、フィリピンでは、各地で食べものを求める人たちによる暴動が発生しました。輸入がストップする怖さです。＊5

さまざまな食品の値上がりが続いていますが、少なくとも主食が確保されているのが今の日本です。ほぼ国産で、価格も安定しています。

日本の国土や環境にあった米作りの営みを、将来に受け継いでいきたい。米作りの技術、米を使ったものづくりの技術を継承していくとともに、新しいお米の使い方が生まれてくることも期待したいところです。

一家に一袋米粉があれば、小麦粉も片栗粉もいらない

さて、そこで米粉の出番となります。幸い、日本のコメ自給率はほぼ100％です。これを活用しない手はありません。では実際に米粉はどう使えるのか。そこが知りたいところですね。

はっきり言いましょう。

米粉さえあれば、ふだんの料理に小麦粉も片栗粉もいりません！

●米粉を使ってらくらくホワイトソース作り

家庭料理の人気メニューのひとつ、ホワイトシチューを思い浮かべてみてください。ホワイトソースから手作りしようとすると、小麦粉を焦がさないようにバターで炒めて、ダマにならないように牛乳で伸ばすという、ややハードルが高い作業をしなくてはなりません。これが大変なので、市販のルーを使う人も多いと思います。でも米粉なら、冷たい牛乳に米粉を溶いて加熱するだけでホワイトソース作りの準備ＯＫです。

種あかしをしますね。

小麦粉と米粉の一番の違いはグルテンがあるかないかです。小麦粉にはあります。米粉にはありません。グルテンにはくっつきやすく粘りが出るという特徴があり、ホワイトソースづくりにおいては、炒めることによって、その性質を弱めています。そもそもこの料理は西洋のもの。麦の食文化圏で生まれたので、このプロセスが生まれたのだろうとも考えられます。もしも米がたくさんある地域で生まれた料理だったら、ルーには小麦粉を使っていなかったかもしれません。

というわけで、ホワイトソースを作るために米粉を炒める必要はありません。グルテンがないので、ダマになりにくく、簡単に溶けます。ルーがなくても、これなら簡単ですね。参照：カラー口絵4、米粉活用レシピ1

● 米粉を使えば、誰もが天ぷら名人に

天ぷらの衣づくりは、けっこう面倒な決まりごとがあります。「小麦粉を冷水で溶く。そのときにかき混ぜすぎないこと」。これがカラッと揚がる衣づくりのポイントです。

これも小麦粉にグルテンが含まれるからなのです。グルテンが働きすぎるとお互いがくっついて、弾力が生まれ、重たい衣になってしまいます。グルテンは、温度が低いと形成されにくく、かき混ぜることで増えてしまうのです。

グルテンのない米粉なら、常温の水を使ってぐるぐるかき混ぜても衣をつくることができます。しかも油の吸収率が小麦粉より低いので、カラッとサラっと揚がります。技いらずで天ぷら名人になった気分です。参照：カラー口絵13、米粉活用レシピ2・9

● とろみづけにも

とろみづけというと片栗粉と決めてしまっていませんか？

とろみをつけるのはでんぷん質なので、米粉でもとろみづけはできるんです。しかも、片栗粉と比べるとゆっくり固まるので、かたまりムラができるという失敗もありません。慌てずに料理できるのはメリットですよね。

ただし、米粉は、火を通しても白く濁ったままで透明感のある仕上がりにはなりません。色の濃い料理は問題ありませんが、透明感や艶感がほしい料理のときは片栗粉をおススメします。参照：カラー口絵7・14、米粉活用レシピ3・12

・粉をはたくときも

たとえばムニエル、蒲焼き、治部煮《じぶに》など、「肉や魚に粉をはたいて焼く」というプロセスも料理にはよくあります。粉をはたくときにも、もちろん米粉は使えます。粉をはたく理由は、肉や魚などの食材の水分を逃がさないためです。水分を逃がさないことでしっとりとした仕上がりになります。また、蒲焼きの場合は、タレがからまりやすくなる効果もあります。

米粉でなくてはいけないということではないですが、片栗粉や小麦粉である必要もありません。

どうでしょう。このくらい使えたら、取り入れてみる価値があるのではないでしょうか。小麦粉も片栗粉もなくて済むとなれば、収納スペースの節約にもなります。保管方法は、他の粉と同じです。

キッチンすっきり！

粉だから時短！少量でも作りやすい

粒のお米がおいしいように、粉にしたお米にも粉ならではのおいしさがあります。パスタやニョッキのような粉が主体の料理では、とくに小麦粉で作るものとは違う米粉ならではの風味がわかると思います。

味の他にも、メリットがあります。時短でできること、そして少量でも作りやすいことです。

お米を炊くとしたら、研いで浸水させて炊いて、と時間がかかります。ご飯茶碗1杯分だけほしくても、そんなに少量で炊くことは通常しないと思います。

米粉なら、水分とともにまとめるだけで生地ができるので、食べたい分だけ作ることができます。また、グルテンがある小麦粉とは違ってしっかり練る必要がありません。

後述の米粉活用レシピでご紹介している主食のコメティーヤやストレッペなら、生地をまとめて成形したらあとは茹でる、焼くだけなので、粉を準備してから完成まで10分ほどです。米粉活用レシピ4、5で紹介しています。

時短であるとともに、調理に使うエネルギーも節約できます。

米粉には、玄米粉もあります。玄米を炊くとなると、白米よりもさらに時間がかかりますが、焙煎していないタイプの玄米粉なら普通の米粉と同様に使うことができます。[*6]

● 最後の片付けまで

またホワイトシチューを例に挙げますが、ホワイトシチューを作った鍋は洗うのが大変と思ったことはないですか？　鍋にこびりついたシチュー、これもグルテンのくっつきやすい性質のなせるワザです。米粉のシチューなら、鍋へのくっつきもごく少量ですし、軽くこするだけで落ちます。片付けの労力と時間が軽減されるのは、料理がおいしくできるのと同じくらい嬉しいものです。

いまこそ、米粉！

私たちは米粉のレシピ本も出版し、米粉を家庭で使うことの提案をしてきましたが、米粉の研究発信を始めた２００７年ごろは、まだまだ小麦粉と米粉の価格の差がありました。スーパーマーケットなど身近な店ではあまり見かけず、買える場所が限られていたこともあり、家庭で米粉が定位置を占めるまでにはなりませんでした。

でも今は、小麦粉との値段の差もあまりなくなってきました。また、料理・菓子用、パン用、麺用といった用途ごとに分けられ、わかりやすくなりました（表参照）。スーパーマーケットでもネットショッピングでも、米粉は簡単に買えるようになっています。

この章の終わりに、レシピをいくつか紹介しました。今こそ、米粉のある生活を始めてみませんか？

注

（＊1）関東農政局ウェブサイト(maff.go.jp)内 『農』の驚くべき機能」「1 水田はダム!? 洪水防止のはたらき」

（＊2）関東農政局ウェブサイト(maff.go.jp)内 『農』の驚くべき機能」

米粉の用途別基準 …本書で扱っている「米粉」は、1番の米粉になります。

	1番	2番	3番
用途	菓子・料理用	パン用	麺用
粒の大きさ	粒径 75 μ m 以下の比率が 50%以上		
デンプン損傷度	10%未満		
アミロース含有率	20%未満	15%以上 20%未満	20%以上
水分含有率	10%以上 15%未満		
グルテン添加率	0	18 ～ 20%程度	

出所：農林水産省 https://www.maff.go.jp/j/seisan/keikaku/komeko/attach/pdf/index-56.pdf
内の表をもとに作成。

「7 夏を涼しくする!?: ヒートアイランド防止」

（＊3）「進む食料保護主義　ソウルフード明暗」毎日新聞２０２２年7月12日　https://mainichi.jp/articles/20220712/dde/001/020/038000c

（＊4）「「食料保護主義」一段と　砂糖に鶏肉、広がる輸出制限」日本経済新聞２０２２年5月25日　https://www.nikkei.com/article/DGXZQOFL00012_V20C22A5000000/

（＊5）明石光一郎　農林水産政策研究所プロジェクト研究［主要国農業戦略横断・総合］研究資料 第8号（２０１8・3）「第6章　フィリピン――世界有数のコメ輸入」https://www.maff.go.jp/primaff/kanko/project/attach/pdf/180300_29cr08_06.pdf

（＊6）玄米粉は焙煎しているものとそうでないものがあります。ここで取り上げたのは焙煎していないタイプの玄米粉です。

米粉活用レシピ 1

米粉で作るホワイトソース

混ぜて加熱するだけで、かんたん！

〔材　料〕

米粉 50g、牛乳 300ml、塩 少々、ベイリーフ 1枚

〔作り方〕

1．米粉と牛乳を鍋に入れてよく混ぜ溶かしてから、塩とベイリーフを入れて中火にかける。
2．温かくなってくると急に固まり始めるので、弱火に変え、焦がさないようにほどよい固さになるまでかきまぜ続ける。

米粉活用レシピ 2

米粉の天ぷら衣

とくに冷水は不要で、よくかきまぜてもOK！

〔材　料〕

米粉 100ｇ、水 170ml

〔作り方〕

材料を合わせ、よく混ぜる。

米粉活用レシピ 3

水溶き米粉

水溶き片栗粉と同じように使えます！

〔作り方〕

米粉と水を１対２でよく溶かす。

米粉活用レシピ 4

コメティーヤ（米粉で作るトルティーヤ）

米と大豆が原料なので、おかずからスイーツまでさまざまな料理と合わせることができます。例えば、チャーシュー、きゅうりとネギを巻く、あんずジャムとクリームチーズを巻く、冷蔵庫に残っているひじきの煮物を巻いても!

〔材　料〕（直径8cm程度のコメティーヤ 2枚分）
無調整豆乳 50ml、米粉 25g

〔作り方〕
1．米粉を豆乳でよく溶いたら、油（分量外）をひいたフライパン（フッ素樹脂加工品など、くっつきにくいもの）に流し、ふちが自然と立ち上がってくるまで待ち、裏返す。裏面を30秒ほど焼いて皿にとる。

米粉活用レシピ 5

ストレッペ（米粉で作る手びねりパスタ）

原料は米なので、トマトソースやミートソースなどはもちろん、麻婆豆腐やカレーと合わせてもおいしく食べられます。オリーブオイルの代わりに他の植物油で作ってもOKです。

〔材　料〕
米粉 160g、水 130ml、塩 少々、オリーブオイル 小さじ1

〔作り方〕
1．材料をボウルに入れてよく混ぜ、滑らかな生地にする。
2．1の生地を押しつぶすようにしながら食べやすい大きさに引きちぎり、塩適量（分量外）を加えた湯で茹でる。
3．浮き上がってきたら取り出し、好みのソースと合わせる。

・・・・・・・・・・・・ 米粉活用レシピ *6* ・・・・・・・・・・・・

にんじんポタージュ

乳製品を使わずに米粉でクリーミーに。

〔材　料〕

にんじん 120g、玉ねぎ 20g、油 少々、スープ* 350ml、ベイリーフ 1枚、米粉 大さじ2、水 60ml、塩・コショウ 各少々、パセリのみじん切り 適量

*昆布水、鶏ガラスープ、野菜ブイヨンなどお好みのスープで。

〔作り方〕

1．にんじんと玉ねぎは薄切りにして油でしんなりするまで炒める。

2．1にスープとベイリーフを加えて、にんじんが柔らかくなるまで煮る。

3．米粉を分量の水に溶いてから2に加え、ミキサーで滑らかにする。

4．塩・コショウで味を調え、パセリを飾る。

・・・・・・・・・・・・ 米粉活用レシピ *7* ・・・・・・・・・・・・

黒ごまプリン

卵を使わず、米粉でとろりとしたプリンに。

〔材　料〕（直径7㎝のココット4個分）

A〔牛乳 200ml、生クリーム 50ml、黒すりごま 大さじ2、米粉 大さじ2、砂糖 大さじ2〕

好みのフルーツ 適量

〔作り方〕

1．Aを混ぜて米粉を溶かしてから中火にかける。

2．温かくなってくると急に固まり始まるので、弱火に変え焦がさないようにほどよい固さになるまでかき混ぜ続ける。

3．とろみがついたら容器にうつす。

4．あら熱がとれたら冷蔵庫で2時間以上冷やす。

5．刻んだフルーツをトッピングする。

米粉活用レシピ 8

米粉パンケーキ

ふわりと米の香りが立ちあがるパンケーキです。

〔材　料〕（直径15㎝ 2枚分）
A〔米粉 150g、重曹 小さじ1/2、ベーキングパウダー 小さじ1〕
B〔牛乳 150ml、砂糖 大さじ2、卵 1個、油 大さじ1〕
油 少々

〔作り方〕
1．ボウルにAを入れ混ぜる。
2．1にBを入れ、よく混ぜる。
3．フライパン（フッ素樹脂加工品など、くっつきにくいもの）が温まったら油を薄くひき、中弱火にして2の生地の半量を流し入れる。
4．穴が全面にプツプツとあいてきたら、ひっくり返してさらに焼く。もう1枚も同様に焼く。バターやメープルシロップとともにどうぞ。

米粉活用レシピ 9

レモンドーナッツ

米粉がご飯を包み込み、残りご飯もおいしいおやつに変身します

〔材　料〕（直径5㎝程度 5、6個分）
残りご飯 150g、卵 1個、砂糖 20g、米粉 30g、レーズン 40g、りんご（7㎜角に切る） 20g、レモンの皮のすりおろし 1個分、シナモンパウダー 少々、揚げ油 適量、粉糖 適量

〔作り方〕
1．材料をボウルにあわせてよく混ぜたら、一口大に丸め、180℃の油で揚げる。
2．粉糖をふる。

＊レモンは防カビ剤不使用のものを選びましょう。
＊レーズン以外にも、他のドライフルーツやナッツ、ごま、チーズなどバリエーションも楽しめます。

・・・・・・・・・・・・ 米粉活用レシピ 10 ・・・・・・・・・・・・

粉蒸牛肉（牛肉の米粉蒸し）

米粉が全体をしっとりとまとめてくれる、中国では定番の調理法です。

〔材　料〕

牛こま切れ肉 150g
A〔しょうがのみじん切り 大さじ1/2、しょうゆ 大さじ1強、紹興酒（なければ酒） 大さじ1、みりん 大さじ1、 砂糖 小さじ2、豆板醤 小さじ2、油 小さじ 1/2、 米粉 大さじ1.5、五香粉 小さじ 1/2〕
じゃがいも 2個、小ネギの小口切り 少々

〔作り方〕

1．牛肉は食べやすい大きさに切り、Aの調味料で和える。
2．ボウルや丼などに1を押すように詰める。
3．じゃがいもは皮をむいて5mm厚さの薄切りにし、米粉（分量外）をまぶして2の上に隙間なく並べる。
4．湯気のあがった蒸し器で、じゃがいもが柔らかくなるまでボウルごと30分ほど蒸す。
5．蒸しあがったら、ボウルを皿に逆さにふせて盛りつけ、小ネギを飾る。

・・・・・・・・・・・・ 米粉活用レシピ 11 ・・・・・・・・・・・・

アサリとニラのチヂミ

もっちり感のある生地がおいしい。しかも表面はカリッ！

〔材　料〕（直径15cm 4枚分程度）

A〔米粉 200g、 卵1個、 塩 小さじ1/2、 ごま油 大さじ1、 水とあさりの缶汁を合わせて 300ml〕
缶詰のあさり 50g、にら 50g、ごま油 小さじ 2
つけダレ（しょうゆ：酢　1：1）、コチュジャン 適量

〔作り方〕

1．Aの材料をよく混ぜる。
2．にらは1cm長さに刻む。
3．1と2、あさりを合わせ混ぜ、油（分量外）をひいたフライパンで両面を焼く。
4．仕上げにごま油を鍋肌から流し入れ、カリッと焼き上げる。
5．つけダレと好みでコチュジャンを添えて供する。

…………… 米粉活用レシピ 12 ……………

鶏肉の治部煮風ツルンと煮

はたいた米粉が、ツルンと鶏肉を包み込みます。

〔材　料〕
鶏もも肉 200g、米粉適量
A〔だし汁 200ml、酒 大さじ1、しょうゆ 大さじ1.5、みりん 大さじ1.5〕
小ネギ 少々、柚子コショウ 少々

〔作り方〕
1．鶏肉は小さめの一口大に切り、米粉をまぶす。
2．Aを鍋に入れて沸騰したら1を入れ、火が通るまで煮る。
3．器によそい、小口切りにした小ネギを散らし、柚子コショウを添える。

…………… 米粉活用レシピ 13 ……………

紅茶風味のサクサククッキー

サクサクの食感も米粉なら簡単！

〔材　料〕（直径3cm 約36個分）
米粉 200g、卵 1個、砂糖 50g、バター 75g、紅茶（アールグレイ）ティーバッグ1袋分*（2g）、塩 少々、グラニュー糖 適量
*茶葉が大きい場合は、ミルなどで粉状にして使ってください。大きいと舌に触り、食感が悪くなります。

〔作り方〕
1．ボウルに卵を溶き、砂糖を混ぜたら、室温に戻したバターを加えてよく混ぜる。
2．1に米粉、紅茶、塩を加えて、なめらかな生地にまとめる。
3．2を直径3cm程度の棒状にする。ラップにくるみ、冷蔵庫で1時間ほど冷やす。
4．3の生地の表面にグラニュー糖をまぶしつける。
5．1cm程度の厚さに切り、180℃に余熱したオーブンで20分ほど焼く。

家で料理をする人が増えたら何が変わる？

家で料理をするとなれば、多くの人はその食材をどこかで買うことになります。タコを買おうと思えば、国産だけでなく、モロッコやモーリタニア産がたくさん売られていることに気づくと思います。冬は安かった大根が、夏になると値段が上がっていることにも気づくでしょう。最近ではウクライナの小麦が輸出できないことで、小麦粉やパンの価格が上がっていることも実感します。

日常的に家で料理を作ることで、自然と旬を意識したり、食と社会の繋がりを考えたりすることになります。

自分で料理をするようになれば、誰かが作ってくれた料理に自然と感謝でき、外食ですばらしい料理にであったときにはその手間暇やアイデア、技術に感動することにもなるでしょう。

私たちがどこで何を食べるかは経済行為。巡り巡って、そのお金はどこかの誰かに渡ります。それが積もり積もって未来の社会は変わっていきます。

讃岐うどんは香川県の県民食といってもいいと思いますが、実は、その約95％は国産ではなく、オーストラリア産の小麦粉「オーストラリアン・スタンダード・ホワイト」を使って作られています。オーストラリアの小麦農家が、日本の讃岐うどんに求められる特徴を研究して、品種改良をしてきた結果といわれています。

ある米農家さんが言っていました。「地元の農家が作った米を買ってほしい。それが地元に田んぼを残すことに繋がるから」、と。

家で料理を作って食べることは、食卓の上の料理のおいしさや、それが自分のカラダにどう影響するかに加えて、さらに大きなその周りの社会との関わりに目を向けるきっ

フードマイレージ（トン・km） ＝ 食べ物の重さ（トン） × 輸送距離（km）

フードマイレージの少ない、朝ご飯のメニュー

のらぼう菜（関東の地野菜）のおひたし
→近所の方にいただいた。
ウドのきんぴら
→地元産を近くの農協で購入。
たけのこの煮物
→隣の市の母の実家から。
アスパラガスのさっと炒め
→ウチの畑から。
絹さやとネギのみそ汁
→絹さやとネギはウチの畑から、
みそは地元の大豆で仕込んだ自家製。

かけになるのではないでしょうか。

フードマイレージとは？

ある日、朝ごはんを食べていて、おや、と、にっこり。メニューは上のような内容でした。

今朝の食卓のフードマイレージは、野菜類に限っていえばかなり小さい！

残念ながら、ノルウェー産の塩サバも食べたので野菜の合計のフードマイレージをはるかに超えてしまいましたが。

フードマイレージとは、食べものの重さと輸送距離をかけあわせて数値化したもので、環境負荷の大きさを測るものさしとして用いられています。

ある日のメニューを、「食材がどこから来ているのか」、という目線で見てみるのもおもしろいですよ。近くから調達しているものが多いと、環境負荷が少ないというだけではなく、地元が豊かであることを感じることができます。外から持ち込んだものが多いということは、お金が外へ流れていくことでもあります。地産地消は、地元を豊かにすることともいえるでしょう。

まだ成長途中の魚を食べないようにしたら？

日本は海に囲まれた島国。他の国が漁をすることができない、いわゆる排他的経済水域の広さは447万㎢あり、日本は世界6位。にもかかわらず、右肩上がりの漁業先進国とは異なり、日本の漁業は衰退産業といわれています。

2020年にFAO（国連食糧農業機関）から発表された2020年比の2030年の日本の漁獲量の予想は7・5％の減少見込み、一方で世界全体では13・7％の増加と予想されています。[*1]

2008年に、世界銀行が2010年と2030年の海域別の水揚量を予測した数字によると、世界全体では23・6％増えているのに、日本の海域だけがマイナス9％とマ

世界銀行による漁獲量予測

	2010年 漁獲量 （千トン）	2030年 漁獲量 （千トン）	10～30年の 漁獲量 伸び率（%）
欧州・中央アジア	14,954	15,796	5.6
北米	6,226	6,472	3.9
ラテンアメリカ・カリブ	19,743	21,829	10.6
日本	5,169	4,702	-9
中国	52,482	68,950	31.4
その他東アジア・太平洋	3,698	3,956	7
東南アジア	21,156	29,092	37.5
インド	7,940	12,731	60.4
その他南アジア	7,548	9,975	32.1
中東・北アフリカ	3,832	4,680	22.1
サブサハラアフリカ	5,682	5,936	4.5
その他	2,669	2,723	1
世界全体	151,129	186,842	23.6

注：2008年時点の予測値。海藻類等を除く。
出所：世界銀行の資料をもとに片野歩氏作成。「東洋経済オンライン」2022年9月13日/片野 歩氏の記事から転載。

イナス予想になっています。しかもすでに２０１５年の段階で４６０万トンにまで前倒しで減っており、２０２１年は４１７万トンという悲しい数字になっています。[*1]

なぜこんなことになっているのでしょうか。

世界では、科学的根拠に基づいた資源管理を導入し、実のある規制が必要とされています。例えばＥＵで２０１４年１月１日に施行された新共通漁業政策（ＣＦＰ：Common Fisheries Policy）には、科学的根拠に基づく各加盟国への漁業機会の割り当てや漁獲管理について規定されています。

将来も魚を食べ続けるためには、今そこに魚がいるからといって、すべて獲ってしまうわけにはいきません。数が減っている魚は獲らない、あるいは獲る量に制限を設ける、子を産む前の小さな魚は獲らないなど、子どもでもわかる論理です。

ところが、日本では、漁業者による自主管理によるところも多く、徹底されていないというのです。国も水産資源の維持のため、魚種ごとに捕獲できる総量を定めています（TAC：Total Allowable Catch＝漁獲可能量の意味）。ただ現段階では、TAC魚種は漁獲量の6割にすぎず、新漁業法の下で2023（令和5）年度までに、漁獲量の8割がTAC魚種となることを目指すこととしています。とはいえ、このTACの漁獲高の制限も、実質的な制限にならないゆるい設定で、意味をなさないという専門家の指摘もあります。また、網の目を大きくすることによって、小さい魚は逃げられるようにするべきだとされているものの、これもまた徹底されていないようです。

獲った魚の3割ほどが海上で捨てられているといわれています。魚が捨てられる理由としては、水揚げ量が少なすぎる、あるいは多すぎる、食べ方がわからない、知られていないなどでお金にならないことです。このように市場に出ない魚は、「未利用魚」といわれます。
日本の漁獲量に対する未利用魚の割合はわかっていないそうですが、世界漁業・養殖業白書（国連食糧農業機関＝ＦＡＯが公表）によれば、「世界のほとんどの地域での魚の損失や廃棄は30～35％」とされています。[*2] 獲った魚の３割以上が私たちの口には入らずに洋上で投棄されるなどしているとしたら、とてももったいないことですよね。

ノルウェーやアイスランドでは、こうした魚の海上投棄が禁止されています。ＥＵでも、先に触れた新共通漁業政策（ＣＦＰ）で、海洋投棄及び水揚げに関する義務として、２０１５年から２０１９年までの４年間で段階的に、原則としていったん漁獲した魚を海洋投棄することを禁止することが定められました（第15条）。

先日、近所のスーパーマーケットであまりにも小さいノドグロが売られていて驚きました。「こんなに小さな魚を獲ってしまっていいの？」という思いと、「すでに獲られてしまった以上はちゃんと食べるべきか」という思いとが交錯しながら購入しました。

焼いてみると、小さいながらもノドグロの旨味が感じられました。でも、「こんな安い値段でいいの？　私のように買って食べる人がいることで、またこんな小さな魚が獲られてしまうことに繋がらないの？」とやはり複雑な気持ちにさせられた一食でした。

未利用魚を積極的にいかしていこうという動きも、少なからず出てきています。ずっと魚を食べ続けていくことができるように、まず課題を知ることから全ては始まります。

肉を食べる量をみんながちょっとずつ減らしたら？

2018年、フランスで起きた精肉店襲撃事件を記憶している方もいらっしゃると思います。関わったのは、「反種差別主義者（anti-speciesist）」運動[*3]に参加している一部のビーガン（完全菜食主義）の人たちでした。

「肉食をするなんてけしからん」というアピールでしたが、当然ながら世間の賛同を得られるものではなく、その後、実行犯は裁判にかけられることになりました。

ここまで過激ではなくても、肉食を控えた方がいいという動きが、ここ数年広まってきています。

その理由は、例えば以下のようなことが挙げられています。

❶牛のゲップによるメタンガスの排出は、世界で排出される温室効果ガスの４％にのぼります。１９９５年のＣＯＰ（国連気候変動枠組条約締約国会議）でゲップは地球温暖化の原因と指摘されました。家畜を育てることは地球温暖化につながるというわけです。

❷家畜に穀物を食べさせるのだったら、それを人が食べる方に向けるべきだという主張があります。ちなみに牛肉１kgを育てるために必要な穀物は11kg、豚肉で７kg、鶏肉で４kgなどといわれます。世界で生産されている穀物の量は、世界中の人が食べることができる量を確保できていながら、飢餓に苦しむ人がいるなかで、家畜の餌として穀物が消費されることへの疑問が生じています。

❸家畜の糞尿によって河川が汚れるなどの問題も指摘されています。
❹動物を食べるのはかわいそうという動物愛護的視点もあります。

肉食をテーマにした読書会を開いたときのこと、先に挙げたような理由で肉食に反対する意見が出るなかで、ある方が「そうするべきとは思うんだけど、ベジタリアンになるのは無理だわ〜」と言ったとき、数年前にベジタリアンになったという若い女性の反応が爽やかで素敵でした。

「一切やめようと思わなくていいんですよ。例えば月曜だけはお肉をやめておこうという、ミートレスマンデー（Meatless Monday）っていう運動もあるんですよ」。

こんな風に言われれば「それならできるかも！」と思える人も多いのではないでしょうか。

フレキシタリアンという言葉も広まってきました。基本は植物性の食品を食べるけれども、状況に応じて肉や魚を食べることもある人をいいます。パートタイムベジタリアンと呼ばれることもあります。外食のときに不便を感じることもなく、一緒に出かける人に気を遣わせなくても済みます。「状況に応じて」をどの程度の頻度にするかはその人が判断すればいいこと。毎日のように肉を食べていた人が、週に何度か肉を食べない日を作るだけでも、大きな違いになりそうですよね。

食生活を記録することで何が見える？

だいぶ前ですが、自分の体重を記録することでダイエットに成功する、というレコーディングダイエットが流行したことがありました。

食についても記録することで見えてくることがあります。とはいえ、毎日何を食べたか、カロリーはいくつか……と全て記録する必要はありません。

例えば、「我が家は魚を食べる日が少ないなあ、もっと魚を食べるようにしたいなあ」と思った場合、魚の種類と日付、どんな料理として食べたのかだけを記録してみてはどうでしょうか。

「今週は塩鮭とアジの開きを焼いて食べた、焼き魚ばかりだったから来週は煮付けにしよう」、「洋風の魚料理に挑戦してみよう」、などと思うきっかけになるかもしれません。

あるいは、「自分は魚を食べている方と思っていたけれど、刺身の盛り合わせの他は、

食を記録してみましょう・・・魚の場合の例

日　付	魚介の種類	食べ方
2月3日	イワシ　かき	イワシの衣焼き　生ガキ
2月4日	ぶり	ぶりの照り焼き
2月5日	イワシ　さきいか	イワシフライ　さきいか入りの乾物パスタ
2月6日	ぶり　タコ　イワシ	ぶりのアラが安かった！ ぶり大根　イワシの丸干し　タコと大根の葉の炒め物
2月9日	ゲンゲ（幻魚）	ゲンゲがタラと並んで売られていたので、鍋に
2月11日	ぶり　すじこ	ぶり大根の残り　熟成しておいた筋子がネットリ！
2月14日	黒ソイ　あさり	黒ソイのアクアパッツァ　あさり入りのチャンポン
2月15日	金目鯛	金目のアラが安かったので煮付け

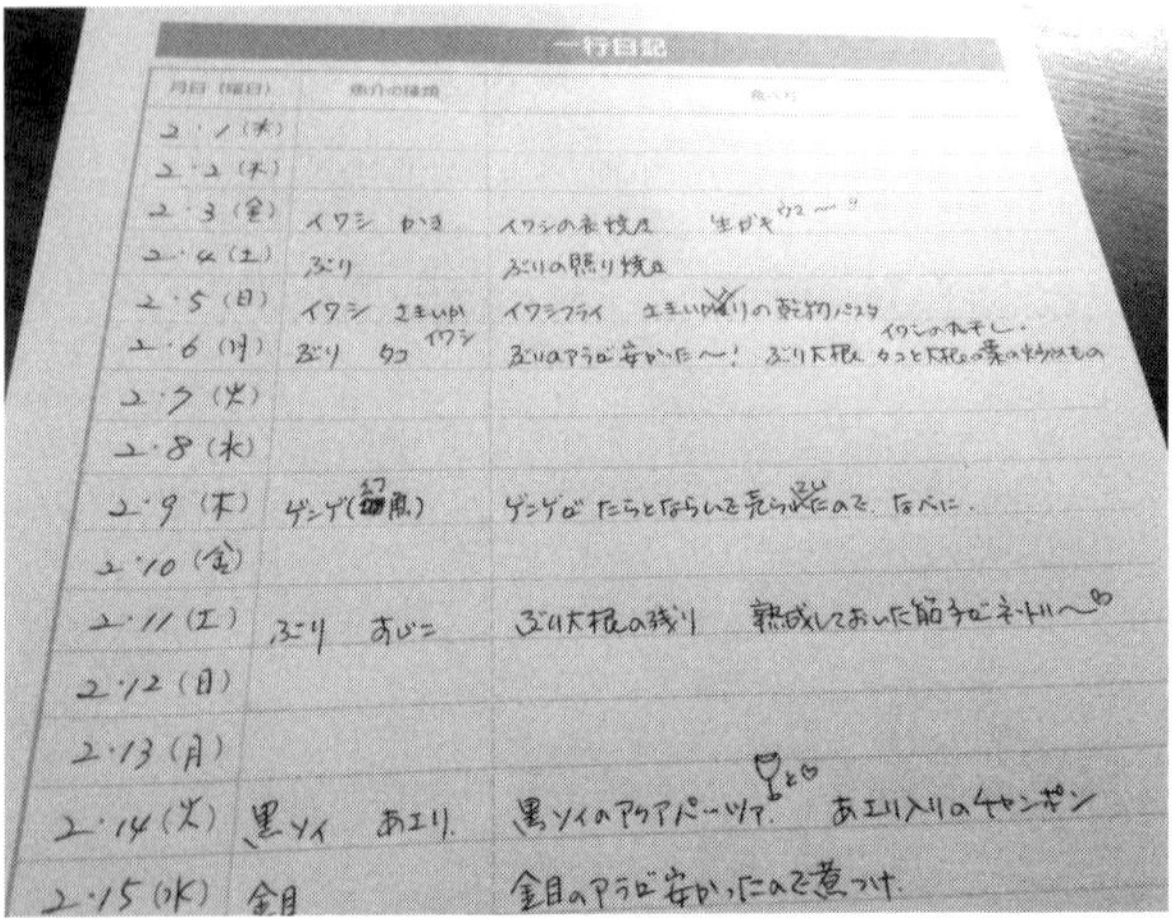

日記帳を代用するなどして、食事を記録してみませんか？
見えてくるものがあるはずです。

サバとイワシくらいしか食べていなかった」など、買い物の傾向に気づくかもしれません。

これは魚に限らず、果物や野菜でも、もちろん肉でも、ご飯食の回数でも、自分でテーマを設定して一定期間記録をつけてみればOK。自分の食の傾向を知るだけではなく、旬を意識することにもなりますよ。

生ゴミの量を測って記録してみたという知人もいます。「自分が何を食べているか」、「何を捨てているか」など、記録することで自然に生ゴミの削減につながったとのことです。

自分の食生活を意識することから始めてみませんか？

ドレッシングやたれ、手作りできる？

「冷蔵庫にあるドレッシングの瓶を減らしたいなあ」

こうつぶやいたのは、仕事が落ち着いてきたこともあり、多忙な妻に代わって最近台所を預かるようになったという男性。なかには、「ほんの少し残っているだけの瓶も数本あるし、そもそもなぜこんなに多くの種類のドレッシングが必要なのか。なんとかしたい」と思ったそう。我が家に食事に来た際に、我が家のドレッシングは手作りと聞いていたことも思い出したようです。

シンプルなフレンチドレッシングなら塩、コショウ、酢、油があれば、混ぜるだけでOK。一度自分で作ってみれば、思いのほか簡単に作れることがわかると思います。基本の調味料なので、改めて何かを買い足す必要もありません。油にオリーブオイルを使ったり、酢を米酢からワインビネガーに変えたり、それだけでも変化がつき、塩味も好みに調節でき、何よりシンプルなので飽きがきません。

かなり前のことですが「焼きナスって家で作れるんですね！」と講座の参加者に驚かれたことがあります。焼きナスは、皮もむかずに丸のままのナスを魚焼きなどで柔らかくなるまで焼くだけなので、正直、こちらのほうがびっくり‼

家で作らないとしたら……と考えていたら、スーパーマーケットの冷凍コーナーにありました。

作る経験よりも前にこうした商品をみると、自分で作るよりも買うのがふつうと思ってしまうのかもしれません。「これ、自分で作れるかも！」と一度やってみると、何からできているのかがわかり、買う価値があるのか、作ったほうが得でおいしいのかなど発見もあると思います。

いらない食材を誰かに差し上げることができたら？

フードドライブという取り組みをよく目にするようになりました。家庭で余っている食品を集め、まとめてフードバンクや福祉施設に寄付し、食に困っている人たちの手に届ける活動です。

日本で、食べられるのに捨てられている食品ロスの量は、年間1人当たり41kgにのぼります。[*4] 毎日、お茶碗1膳分（113グラム）に近い量を一人ひとりが捨てている計算になります。

世界では、人が食べるために生産された食べもののうち3分の1が廃棄されているというデータもあります。[*5]

食べものを捨てるということは、食べものが無駄になるだけではなく、それを生産するために使われた土地、水、肥料、人の労力も無駄になったと考えることができます。さらには廃棄のために焼却すれば二酸化炭素を排出することに繋がり、そのためにゴミ収集車が走り、人がゴミを集めたこともまた無駄になってしまいます。

不要なものをいただいてしまったときなど、地元のフードドライブを探して持ち込んでみてはどうでしょうか。あなたにとってはいらないものでも必要としている人がいるかもしれません。

ただ注意して欲しいのは、賞味期限ギリギリのものや、封を切ってしまったものなどは寄付できません。それぞれの組織で規定があるので、ウェブサイトを確認したり、問い合わせたりしてから持ち込む、あるいは送るようにしましょう。かえって先方に迷惑をかけてしまうこともあるので、気をつけたいところです。

さらに一歩進んで、自分でフードドライブを実施することもできます。例えば横浜市では、フードドライブを実施したい団体に、食品回収ボックスやのぼり旗などの貸し出しを無料で行っています。「自治会、町内会、商店街などの取組や地域のイベント、学校行事、会社で働く社員の皆様や買い物に来るお客様に向けて……などさまざまな場面で実施可能です！」とウェブサイトにあります。*6 他の自治体でもこうした協力を得られるかもしれません。人が集まる機会に検討してみてはいかがでしょうか。

廃食用油を集めて再利用してくれるサービスがあったら?

揚げものは好きだけれど、使った後の油が……。始末するには、凝固剤で固めたり、新聞紙に吸い込ませてみたり、とちょっとばかり面倒。「この油、何かに使えたらいいのに」「油なので、何かのエネルギーにもなるのでは」、と思ったことがある人も少なくないのでは。

使用済み天ぷら油が、燃料になるんです!

家庭で天ぷらなどの揚げ物に使われた廃油を集めて、バイオディーゼル燃料が作られています。この燃料は軽油の代わりに使うことができ、実際に車を走らせることができます。京都市では、1997年からこの取り組みを行っています。最初の年の廃油の回収は4000ℓ程度でしたが、2021年は14・7万ℓが集められました。回収した油は、カスなどの不純物を取り除き、精製されてバイオディーゼル燃料に生まれかわります。京都市では、実際に、市バスやごみ収集車にこの燃料が使われています。

捨てるはずだった廃油が活かされているだけでも嬉しいですが、この燃料にはさらにいいところがあります。

- このバイオディーゼル燃料は、原料となるのが植物性の食用油なのでカーボンニュートラル。[*7] 二酸化炭素の排出をしていないことになります。
- 燃やしても硫黄酸化物が出ず、すす（黒煙）も軽油に比べて半分以下なので、この点でも環境に優しいエネルギーといえます。

京都市の他にも、この取り組みを行っている地域はあります。「バイオディーゼル燃料」で検索してみてください。思いのほか近くに回収しているところがあるかもしれません。

廃食用油から作った燃料で飛行機を飛ばそう、という動きもあります。

014頁でも書きましたが、二酸化炭素を多く排出する航空機で移動することは「飛び恥」ともいわれ話題になりました。航空業界でも二酸化炭素の削減は大きな課題となっています。

新燃料化技術の研究開発を20年以上行っている京都市の㈱レボインターナショナルは、廃食用油から作ったＳＡＦ（Sustainable Aviation Fuel ＝持続可能な航空燃料）の供給を2

０２５年に本格的にスタートさせることを目指して、日揮ホールディングス、コスモ石油とともに推進しています。関西エアポート㈱グループが運営する３空港の飲食店から出される廃油が原料として使われるそうです。

埼玉県入間市では、２０２３年３月から、家庭からの廃食用油の回収が始まりました。回収された廃油は、バイオディーゼル燃料やバイオプラスチックの原料としてリサイクルされるそうです。

廃食用油も原料。捨ててしまうのではなく、広く使われる世界が近づいてきています。

いなげや入間春日町店に配置された、
廃食用油の回収ボックス。
2023 年 3 月 20 日、田平恵美撮影。

ペットボトルをスーパーの回収スポットに持っていくとポイントが貯まったら？

日本のペットボトルの回収率がどれくらいか知っていますか？

なんと、2020年度の回収率は96・7％！　2012年度以降、ほぼ90％以上の回収率です。[*8] これってすばらしい！

この数字は、私たちが分別してしっかりゴミを出している証として誇れますね。リサイクル率を見てみても、88・5％と高く、回収されたものの多くがリサイクルされていることがわかります。

ペットボトルは回収、リサイクルすることで二酸化炭素排出量の削減にもつながっています。2019年度の数字をライフサイクルアセスメント[*9]（LCA）という手法で比べてみると、国内のペットボトルの二酸化炭素総排出量は205万9千トン、一度使って廃棄してしまった場合（リサイクルなし）を想定した数字は352万8千トン。二酸化炭素の排出をおよそ42％削減したことになるそうです。[*10]

ペットボトルやアルミ缶、紙パック、古紙などの資源ごみは、自治体の回収の他に、ほとんどのスーパーマーケットにリサイクルステーションが設けられていることも回収率の高さに繋がっていそうです。

イオングループでは、グループ23社合計で2020年度はペットボトルを約1億9729万本、重さにすると1億2429トンを回収したそうです。二酸化炭素削減量にすると4万4747トンとなるそうです[*11]。

最近は、資源ごみを持っていくとポイントを付けてくれるスーパーマーケットも出てきました。日常的に利用するところであれば、買い物の際に回収ボックスへ持っていくだけなので、ついでに出すことができます。自治体の回収日まで待つと結構な量になってしまうこともあるので、片付けにも一役買ってくれそうです。なにより、買い物に使うことができるポイント（お金としての価値があるもの）として受け取れることで、「ペットボトルはゴミではなく価値があるもの、資源なんだ」、ということに改めて気づくことができます。

ゴミを資源に。この誇れる習慣、みんなで続けていきたいですね。

あわせて、ペットボトルの利用そのものを減らすことも心がけたいものです。出かけるとき、喉が渇くたびにコンビニや自動販売機で飲料を買うことをやめ、水筒を持つようにする。これだけでも、かなりのペットボトルごみを減らすことができます。
ペットボトルで買っていた麦茶を作ってみる。水出しの麦茶なら、冷水筒に水とともにパックを入れて冷蔵庫に置いておくだけでできます。

ペットボトルの話ではないですが、スイーツの製造販売やワイン事業で知られる（株）シャトレーゼでは、ワインを「通い瓶」で販売しています（一部の店舗のみ）。最初に瓶を購入すると、その瓶を持っていけば樽に入った非加熱の生ワインを店頭で新しい瓶に詰めてくれます[*12]。

ビールや一升瓶、牛乳の瓶は、リターナブル瓶として回収・洗浄・再使用されてきていますが、家庭から確実に返却されているとは思えません。シャトレーゼのように、新たに購入する際にお店に持っていく「通い瓶」方式なら瓶の回収率の向上につながります。こうしたやり方が他の商品にも広がっていく可能性を感じます。

量り売りや少量販売が増えたら？

２０００年に2・67人だった日本の一般世帯の1世帯あたり人員は、２０２０年には

2・21人まで減ってきています。[*13]

また、1985年に65歳以上の人口が10％を超えてからは急激に高齢者人口が増えており、2020年には28・6％になりました。そして2036年には33・3％、3人に1人が65歳以上になると推計されています。[*14]

1世帯あたりが必要とする食材はますます減少し、いろいろな種類の野菜を食べようと思ってあれもこれも買えば、生のままでは食べきれず腐らせて食品ロスになる可能性も高くなります。一方で、無駄にしないようにと買い控えれば、限られた種類の食材しか買えないことになってしまいます。

レシピと食材がセットになっている「ミールキット」も人気を博していますが、ちょうどぴったりの分量が入っていることで無駄がない、生ゴミが出ないことも使う理由として挙げられています。

昔は「豚ひき肉を100gだけください」とお願いできる量り売りのお店がたくさ

んありました。多少割高になるかもしれませんが、食べきれずに捨ててしまうのであればむしろ量り売りの方が安くつくかもしれません。

量り売りや少量販売が増えることは、3Rと呼ばれるReduce（減らす）、Reuse（繰り返し使う）、Recycle（廃棄物を原材料やエネルギー源として有効活用すること）のなかで最も重要とされるReduceを促進します。

ごみをできるだけ出さない取り組みである「ゼロウェイスト」も広がってきています。

2021年7月にオープンした京都の斗々屋《ととや》は、ゼロウェイストなスーパーマーケット。ここでは、野菜、果物、肉、卵、総菜、しょうゆ、酢、小麦粉や米粉など粉類、お茶、チョコレートなどの菓子、ナッツなど多様な商品全てが個包装なしで量り売りされています。持参した容器に必要な分の商品を自分で入れます。店には紙袋やビニール袋はありません。デポジット容器（預かり金／保証金をいったん支払い、返却すれば返金される）が用意されているので、そちらを利用することもできます。

日本のスーパーマーケットは、ほとんどの商品が個包装されていて、プラ容器や包装材のごみの多さに辟易することがあります。

食品ロスと包装ごみを減らしていくこの取り組み、注目です。

コミュニティキッチンの可能性

少人数家庭だと、おかずを食べきれず、毎日のように食べ続けることになってしまう、そんな話をよく耳にします。

娘がシェアハウスに住んでいたときに、

「なんでも揃っているから、わざわざあれこれ調理器具や調味料を買わなくても大丈夫なの」

「みんなで作って食べると、いろいろなものが食べられるし楽しいよ」

などと、そのメリットを聞く機会がありました。


今はシェアの時代。

誰が入ってくるかわからないオープンなスペースだと不安もありますが、同じマンションに住んでいるなど、身元がわかっている同士でなら、共有のキッチンや食堂があることのメリットは大きいのではないでしょうか。たまにしか使わない調理器具を各家庭でそれぞれが購入する必要もありません。

私自身、子どもが小さい頃は、近所のお母さんたちとそれぞれが1品、2品ずつおかずを持ち寄って集まり、一緒に食べることをよくしていました。2品ずつ作って3人集まれば6品の豪華な食事です。子どもたちはお友だちがいて楽しいし、他の家のおかずを食べる機会にもなり、親同士も育児情報や料理のレシピの交換ができ、楽しい時間でした。

近所に顔見知りが増えることは、もしものときにも心強いし、女性や高齢の方の一人暮らしにも安心なのではないでしょうか。地域やマンションに、共有のキッチンや食堂を作ることを考えてみてもよいのではないでしょうか？

注

（＊1）「「魚が獲れない」は世界で日本だけという衝撃事実」東洋経済オンライン（2022年9月13日） https://toyokeizai.net/articles/-/617222

（＊2）「不ぞろい・不人気で廃棄の「未利用魚」、給食や居酒屋で活用…「取った以上は無駄にできない」」読売新聞オンライン（2021年11月18日） https://www.yomiuri.co.jp/national/20211118-OYT1T50177/

（＊3）ヒトが生物種の頂点にある存在だとして他の動物への差別を容認する「種差別」を否定する一部のビーガンの人たちのこと。

（＊4）「食品ロスとは」農林水産省ウェブサイト https://www.maff.go.jp/j/shokusan/recycle/syoku_loss/161227_4.html

（＊5）「世界の食料ロスと食料廃棄」国連食糧農業機関（FAO）・国際農林業協働協会（JAICAF）、2011年 https://www.fao.org/3/i2697o/i2697o.pdf

（＊6）「フードバンク・フードドライブ活動の推進」横浜市ウェブサイト https://www.city.yokohama.lg.jp/kurashi/sumai-kurashi/gomi-recycle/sakugen/20190319133236879.html

（＊7）カーボンニュートラルとは、排出される二酸化炭素と吸収される二酸化炭素を同じ量にするという考え方です。例えば植物や植物由来の燃料の場合、燃焼の際に発生した二酸化炭素は、由来する植物の成長過程で二酸化炭素を吸収しているので、ライフサイクル全体としてみると相殺され、二酸化炭素排出量は実質ゼロになります。

（＊8）「参考指標：回収率推移」PETボトルリサイクル推進協議会ウェブサイト　https://www.petbottle-rec.gr.jp/data/transition.html

（＊9）ライフサイクルアセスメントという考え方は、資源を採掘するところから原料の生産、製品の生産、流通、回収、リサイクル、再利用までの全体として環境負荷を測ろうという手法です。

（＊10）「PETボトルのリサイクルによるCO_2排出量の削減効果算定」PETボトルリサイクル推進協議会ウェブ

サイト　https://www.petbottle-rec.gr.jp/more/reduction_co2.html

（＊11）「資源循環」イオングループウェブサイト　https://www.aeon.info/sustainability/environment/reuse/

（＊12）「樽出し生ワインの量り売り」株式会社シャトレーゼベルフォーレワイナリー ウェブサイト http://www.belle-foret.co.jp/belleforet/onlineshop/shop-taru/

（＊13）『令和２年国勢調査 人口等基本集計結果　結果の概要』総務省統計局　https://www.stat.go.jp/data/kokusei/2020/kekka/pdf/outline_01.pdf

（＊14）『令和２年版高齢社会白書』「第１章　高齢化の状況」内閣府　https://www8.cao.go.jp/kourei/whitepaper/w-2020/html/zenbun/s1_1_1.html

第5章 楽しくおいしくサステナブルに！乾物カレーのすすめ

1 「乾物カレーの日」って？

私たちのユニット名DRYandPEACEの名前は、「乾物で世界をもっとPEACEに」という思いを込めてつけました。「乾物を食べることが、未来の社会に働きかけることになる」、そのことを内モンゴルの緑化という実際の光景として積み重ねてきているのが「乾物カレーの日」プロジェクトです。

２０１３年に始めたこのプロジェクトは、飲食店さんや料理教室さんの協力が大前提となっています。年に一度の「乾物カレーの日」に、飲食店さんには、乾物を使ったそのお店ならではのカレーを作って提供していただき、また、料理教室さんでは、教室主催者考案の乾物を使ったカレーの作り方講座を開いていただいています。それぞれ、カレーの代金、教室の参加費に寄付が含まれています。こうして飲食店、料理教室を通じて「乾物カレーの日」プロジェクトの寄付を集め、内モンゴルで植樹を行っています。実際の緑化活動は、およそ30年間、現地の緑化に携わっている一般社団法人地球緑化クラブにお願いしています。

２０１１年にDRYandPEACEとして活動をはじめてから、乾物をなんとか身近な存在にしたいということが大きなテーマでした。「乾物は地味」「古くさい」「同じ味ばかり（和食オンリー）」という先入観を打ち破るにはどうしたらいいだろうと考えていたときに、カレーと結びつけることを思い立ちました。カレーは日本では国民食と言っていいくらい市民権を得ています。カレーを嫌いという人はあまり聞いたことがありません。乾物とカレーの組み合わせには、スパイスが乾物独特の日向臭《ひなたくさ》さを消してくれる利点もあります。

「乾物カレーの日」相関図

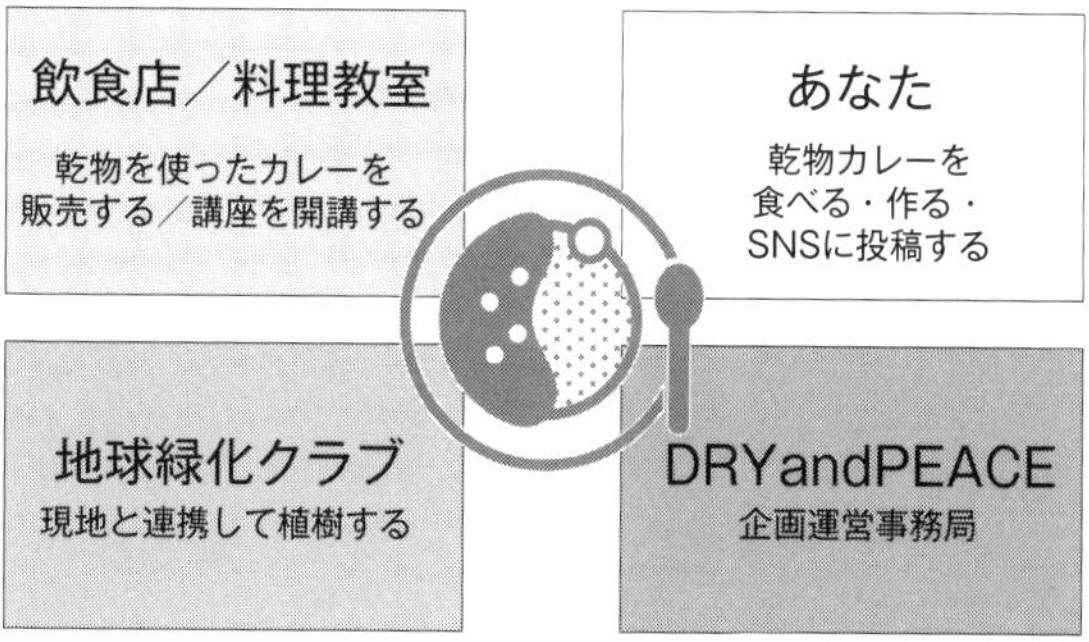

２０１３年、まずは知人や近隣のパン屋さんに声をかけて「乾物カレーパンプロジェクト」としてスタートしました。

プロジェクトスタート当時、内モンゴルに植えるアンズの木は１本およそ２００円でした（内モンゴルにおける価格）。乾物カレーパンの売上１個につき10円を地球緑化クラブに寄付することができれば、20個分で１本になります。１年に20個食べたら１本の植樹ができる、と想像すると、とても身近なことに感じられないでしょうか。

５年目となる２０１７年、より多くの人に届けたいと、カレーパンからカレー全般へと拡げ、プロジェクト名を「乾物カレーの日」と改めました。乾物カレーパンだけではなく、乾物を使ったカレー全般を寄付を集める対象にしたのです。カレーライス、カレーうどん、カレー味の炒めもの、カレー味のグラノーラなど、さまざまな「乾物カレー」が生まれました。

現在は毎年6月の第一土曜を乾物カレーの日と定め、6月の前半2週間ほどにわたってイベントを開催しています。

2018年、乾物カレーの日は、「ロハスデザイン大賞 コト部門大賞」を受賞しました。

飲食店や料理教室の協力

当初は、街のパン屋さんに飛び込み営業を繰り返し、プロジェクトに協力してくれるパン屋さんを募っていました。乾物カレーの日を続けるなかで、協力してくれている店舗や料理教室の方が、お仲間に声をかけてくれることも出てきました。スタート当初からすでに10年ともに歩んでくれている方々もいます。

協力していただいている飲食店や料理教室では、通常の料金に少し上乗せしてお客様から料金や参加費をいただいています。お店や教室が自分で身を削るのではなく、お客様一人ひとりに理由をお伝えすることで、より多くの方にこの活動の意義が広まると考えるからです。

集まったお金は、一人ひとりの数十円、数百円といった気持ちの積み重ねなのです。

当初から協力してくれている横浜市都筑区のパン屋さんブーランジェリー ル・ゼルではレジの脇に募金箱を置いて、乾物カレーの日のことをアピールしてくれています。曜日を決めて通年で乾物カレーパンを販売し、売れるたびにお店が募金箱に寄付分を入れているのだそうです。乾物カレーの日のことを知って、パンを買ったときのお釣りを入れてくれるお客様もいらっしゃるとのこと。なかには小学生がお小遣いから募金箱にお金を入れてくれることもあるそうです。

協賛企業を募る

乾物カレーの日を続けるなかで、外食が難しい子育て世代や、近くに協力店舗や教室がない方々から、自分で乾物カレーを作ることで協力ができないかという声が挙がりました。

乾物やカレーと関連の深い企業に働きかけたところ、乾物の卸会社、乾物メーカー、カレールーを作っているメーカーが協賛してくれることになりました。

協賛企業のおかげで、乾物カレーを自分で作ったりお店で食べた

ル・ゼルへ集まった１年分の寄付

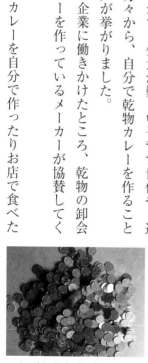

りした写真をＳＮＳに投稿するというアクションが寄付につながる仕組みを作ることができました。また、商品を一般消費者や飲食店、料理教室に提供してくれる企業もあらわれました

これによって、誰もが、家にいながらにして乾物カレーの日に参加することができるようになりました。

こんな例もあります。乾物カレーの日の趣旨に共感してくれた、ギターをはじめとした音楽関係のメーカーは、ギターを作ることで木を伐採しているからと、ある商品の売上から一定の割合を毎年寄付してくれます。

一人ひとりの、また心ある企業様のご協力により、乾物カレーの日は成り立っています。

新型コロナウイルス禍の発生！

ところが……。コロナ禍の発生。飲食店も料理教室も２０２０年の感染症拡大で、存

続自体が危ぶまれるところすら出てきました。

「乾物カレーの日どころではないのでは？」と私たちも、その年は乾物カレーの日を開催するかどうか悩んでいました。

そんなとき、毎年多くの参加者を集め、料理教室をしてくれている方から「今年はやらないんですか？　すばらしい取り組みなので、形を変えてでも継続して欲しいです」というメッセージが入りました。

そのメッセージで、規模は小さくても今年もやろう！と心に決めました。

この年は、乾物カレーを作ってくれる方々を募ったものの、飲食店からはお金を集めることはせず、一般消費者の方々やオンラインに切り替えた料理教室にご協力いただくことにしました。

そしてこの年だけは、内モンゴルではなく、国内のフードバンクに寄付をするという変則的な形にさせていただきました。食べることで未来の社会に働きかけるという意味では同じ。食べるのにも事欠く人が出ているというニュースに、まずはこちらを優先したいと思ったのでした。そして、協力してくれている方々にも喜んでいただきました。

「自分ごと」にしてくれる人が増えてきました

「今年も楽しかった〜！」「来年も盛り上がりましょう！」

時の経過とともに、まるで自分のイベントであるかのように、仲間を誘って「乾物カレーの日」を楽しんでくれる人が増えてきました。

宮城県の気仙沼の乾物店「山長《やまちょう》・小野寺商店」さんでは、「乾物カレーの日」のために乾物セットの販売を始めてくれました。カレーに使いやすく、おいしい乾物数種類と乾物カレーの日の趣旨を説明したチラシがセットされています。購入者は送られてきた乾物を使って作ったカレーをＳＮＳに投稿してくれています（１０６頁参照）。同じ素材を使っても作るカレーはそれぞれで、購入した人同士でのコメントのやり取りも発生していました。

そんな風に「乾物カレーの日」を楽しんでくれる人が増えるのはとても嬉しいです。

砂漠化だけではなく、水質汚染、地下水枯渇、空気や海の汚染、旱魃などなど、たくさんの環境問題が世界中で起こっています。「私は専門家じゃないから解決なんてできない、考えてもしかたがない」そう思ってしまう人もいると思います。でもその人たちも、こうしたことに心を痛めていたり、心配したりしていないわけではないはずです。

ただ問題が大きすぎて、どうアプローチしていいかわからないだけで、日頃の暮らしの延長で何かができるならやりたいと思う人は少なくないと思うのです。

乾物を使ったカレーを作ってくれるお店に食べに行く。
乾物を使ったカレーパンを買う。
乾物カレーの作り方を習いに行く。

それならそんなにハードルは高くないはず。

小さな行動を未来の社会につなげる仕組みが、もっともっと作られていけば、その流れにのって自分もやりたい！やれる！と思う人はたくさん出てくるに違いありません。

そんな仕組みがもっともっと生まれるといい！
私たちも作っていきたい！そう思っています。

2 循環の和で環境を育もう

ところで、内モンゴルの砂漠化の原因の一つとして、日本人のカシミヤ好きがあることをご存知でしょうか。一昔前は、カシミヤのセーターは数万円する高級品でした。でも今では数千円で買うことができます。

カシミヤの原料は、カシミヤヤギの毛です。ウールは羊毛から作られます。
羊もヤギも草食動物ですが、羊は地上に生えた草と新芽を食べ、根っこは食べません。
また、羊は比較的苦味や渋みが少ない草を好んで食べます。
一方のヤギは苦味がある草も食べるし樹皮も食べます。樹皮がなくなってしまうと、木は枯れてしまいます。また、葉っぱだけではなく根っこも食べてしまうため、除草のためにヤギをレンタルするサービスもあるくらいです。

羊毛よりもカシミヤが高く売れると知れば、カシミヤヤギをたくさん飼おうと思うのが人情でしょう。でも適正頭数を超えて放牧すれば、草は根こそぎ食べられ、木も枯れてしまいます。

結果、砂漠化が進行するというわけです。

そして砂漠となってしまった土地からは、砂と一緒にＰＭ２・５なども「黄砂」となって日本に飛んできます。

まさに悪循環になっているのです。

私たちが進めている「乾物カレーの日」を通じて、こうした問題に気づく人が増えれば、私たちよりもっと効率的な方法を考えることができる人もきっといると思うのです。そうなって欲しいと思っています。

2019年、右写真と同じ場所。
障子松が育ってきました。

2013年の武川県の写真（武川植林予定地）。
当初は禿げ山でした。

先にも書きましたが、「乾物カレーの日」を通じて私たちは木や草を植える活動をしています。植樹のパートナー一般社団法人地球緑化クラブは、ただ木や草を植えるだけではなく、現地の人たちの雇用に繋がる方法を模索し作り出してくれています。現地の人にとってメリットがあれば、自然にその活動は続いていきます。ビジネスが生まれれば、現地の人たちが自ら取り組んでいくことで、緑はより広がっていくはずです。

養蜂や、苗木づくりなどのほか、植えた木に実がつけば、それを乾燥させて商品として販売することも考えることができます。日本の人たちの協力で森ができ、そこから仕事が生まれ、できた商品が日本でも売れる。そんな循環ができたら、と夢を描いています。

参考URL

大黒俊哉「砂漠化対処のための土地・植生の診断・治療・予防」『草と緑』11巻、2019年。https://www.jstage.jst.go.jp/article/iuws/11/0/11_28/_pdf/-char/ja

「乾物カレーの日」への参加、協力方法を知りたい！という方は、ぜひ「乾物カレーの日」ウェブサイト（https://www.kanbutsu-curryday.com/blank-7）をご覧ください。

田中 成美さんの投稿　6月10日

お昼のまかない
オム乾物カレーライス
乾燥ごぼう、椎茸、たけのこ、にんじん
大豆のお肉
戻したお出汁を基本の味にモリモリ乾物トッピング

池田 貴子さんの投稿　6月10日

「輪切り大根、高野豆腐と干し椎茸のグリーンカレー」をつけそうめん風で。
高野豆腐からジュワッと溢れ出るカレーがたまらない。
大根の食感と干し椎茸のゴロゴロ感が贅沢でおいしいカレーでした‼

若林 佐江子さんの投稿　6月14日

最終日の今日はカレーピザにしました。
高野豆腐をクリスピー風の生地にしてたっぷりとカレーソース、トマトカレーピザと唐揚げピザの2種類。

小野寺商店さんの乾物はリピートとなりますが、箸休めの酢漬けに♪

菊芋やにんじんなど味も歯ごたえもパリパリでとまりません。

参加できたのは2回ですが、乾物でつくる料理のレパートリーを増やすこともでき、緑化活動に参加させてもらったことに感謝です。

ＫＫさんの投稿　6月1日

今日から乾物カレーの日に参加いたします。
作り置き冷凍カレーに干し椎茸と干し大根葉に和風だしをプラスした「和風乾物カレー」です。
なかなかしっくりきてました。

2022年
集まらない乾物カレーの日──SNSへの投稿から

年に一度の乾物カレーの日には、全国津々浦々でさまざまな乾物カレーが食べられています。このイベントも10年以上経ち、乾物の使い方の自由度が増してきました。

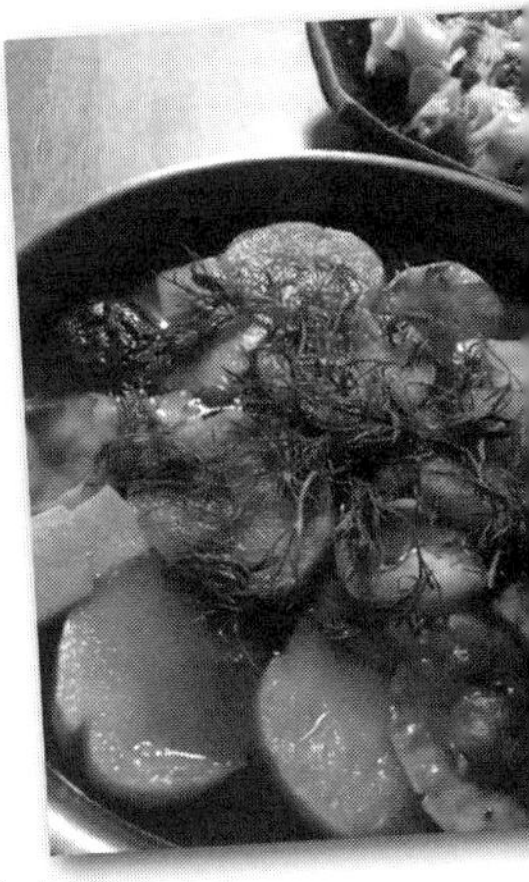

江崎 理絵さんの投稿　　6月14日

高野豆腐、海老、麩、椎茸、ディルを添えたスープカレー。かつおだしがよくきいて、こう見えてさっぱり和風でした。昨日の残りカレーはカレー焼売になりました。

飯塚 伸夫さんの投稿　6月14日

このイベントへの参加を通じて、乾物のメリット、地球砂漠化の危機とその対策の実状を知ることができました。

《期間中の使用乾物》
高野豆腐、乾燥わかめ、乾燥きくらげ、乾燥きくらげスライス、刻み昆布、干し椎茸、干しエビ、仙台麩、グリーンカレーヌードル、クリスピーフライドオニオン、かた焼きそば揚げ麺、等

DRYandPEACEの乾物ドライカレー

〔材　料〕
ひき肉　120g
A〔切り干し大根　20g、スライス干し椎茸　6g、干しにんじん　3g〕
しょうがのみじん切り 小さじ2
レーズン　10g
カレー粉　小さじ1
赤ワイン　10ml
戻し汁　120ml
ケチャップ　30g
ガラムマサラ　小さじ1
油　適量、塩　適量

〔作り方〕
1. Aの切り干し大根は、2cm幅程度にはさみで切る。Aを水に15分ほど浸けて戻す。
2. 鍋に油をひき、しょうがを入れて弱火で香りをたてる。
3. 2にひき肉を加え、中火で炒める。
4. 肉の色が変わったら、1の水気を絞って加え、炒め合わせる。
5. カレー粉を加えてひと炒めしたら、赤ワイン、ケチャップ、レーズン、戻し汁を加え、味がなじむまで5分ほど炒め煮する。
6. ガラムマサラを加え、塩で味を調える。

ドライマンゴー入りサルサ

〔材　料〕
A〔トマト　2個、玉ねぎ　1/4個、ドライマンゴー　25g、きゅうり　1/2本〕
B〔オリーブオイル　大さじ1.5、レモン汁　大さじ1/2、塩　大さじ1/2、コショウ　適量〕

〔作り方〕
1. Aをみじん切りにして合わせ、Bを加え混ぜる。
2. 1時間ほどおくと、マンゴーが水分を吸って戻り、甘みが全体に広がる。

あとがき

日々の食事について、「100点を取ろうと思わなくてもいい」と私たちはいつも考えてきました。そもそも、食のあり方に100点なんてあり得ないですよね。食品ロスは全く出さず、栄養的にも問題なく、いつもおいしい料理を作って家族や仲間に喜ばれ、選ぶ食材は環境に優しい食材だけ……。そんな暮らしができている人は、おそらく皆無ではないでしょうか。

もし理想の食のあり方というものがあるとして、それを100点とした場合、今5点しか取れていない人が100点を目指しても、あまりに遠い目標で最初から諦めてしまいがちです。

1人が100点をとっても他の人たちは変わらないより、100人が1点ずつアップして、みんなで合計100点アップする方がいいのではないかと感じるのです。1点のアップならできそうな気がしませんか？　そして1点取れたらまた1点と、できるところから小さな行動変容を起こしていければいいなと思うのです。

原油価格が上がるとバイオ燃料へのシフトが起こります。その原料となるのはトウモロコシや大豆。飼料用に向けられる量が減り、家畜が食べる飼料代が上がり、その結果食肉の値段が上がります。

2021年、玉ねぎが成長する6月中旬から7月上旬にかけて、北海道で雨がほとんど降りませんでした。これによって生産量が30％減少し、2022年、玉ねぎの価格はかつてない高値になりました。

このように、私たちが食べることが、政治、経済、国際関係、産業、環境などさまざまなことから影響を受ける一方で忘れてはならないのは、私たちがどう食べるかが未来の社会を変えていく、という事実です。

砂漠化、温暖化、大気汚染、地下水の枯渇など、食べものを作り出していくために、私たちが暮らしていくために、マイナスの状況が進んでいます。「自分は専門家ではないから何もできない」と思考停止してしまうのではなく、まずは知ることからスタートし、そのために何ができるのかを考えてみませんか？

今までキッチンに立つことに、あまり興味が持てなかった人も、この本を読んで、ＳＤＧｓは自宅のキッチンからも始められると気づき、料理の楽しさにも目覚めてくれたら嬉しいです。発行、編集をしていただいた越道京子さんには、大変お世話になりました。

ふだんの暮らしの延長で続けることができる小さな行動を起こす人が増えれば、その周りの人たちにも伝わって、いつか大きな動きになるかもしれません。未来をよくしたいと思っているのはきっとみんな一緒。今日から、あなたから、まずは一歩を踏み出しましょう！

◆ 著者紹介

DRYandPEACE サカイ優佳子《ゆかこ》＋田平恵美《たびらえみ》

2002年より、食と社会のつながりを重視した食育ワークショップを各地で開催。田んぼを残したいという想いから2007年に米粉レシピの研究をスタート。乾物は古くて新しい未来食と捉え、2011年から、現代の食卓に合った活用法を研究している。著書、メディアなどで積極的に発信し、企業とともにレシピや商品を開発するほか、講座開催や講師養成にも力を入れている。著書に『乾物マジックレシピ』（山と渓谷社）など。

facebook　https://www.facebook.com/dryandpeace/

一般社団法人 DRYandPEACE　ウェブサイト
https://yukakosakai.com/dryandpeace/

DRYandPEACE
Web サイト

DRYandPEACE より「乾物＆米粉レシピ」プレゼント
https://www.reservestock.jp/inquiry/MzIxNGZiYzJhM
「リザーブストック」というシステム上にある
サカイ優佳子のページから、本書に未掲載のレシピを
ダウンロードをしていただけます。
（メルマガ登録が必要です）

レシピプレゼント
Web サイト

◆ 口絵 写真撮影　木村悠太
◆ 口絵 撮影ディレクション　瀧さくら
◆ カバーデザイン　美馬　智

キッチンからはじめるSDGs
——乾物と米粉でサステナブル・クッキング

2023年5月1日　初版第1刷発行

著　者　サカイ優佳子＋田平恵美（DRYandPEACE）
発行者　越道京子
発行所　株式会社 実生社《みしょうしゃ》　〒603-8406 京都市北区大宮東小野堀町25番地1
TEL（075）285-3756
印　刷　モリモト印刷

ⓒ 2023 Yukako Sakai and Emi Tabira, Printed in Japan
ISBN 978-4-910686-06-6

本書のコピー、スキャン、デジタル化等の無断複製は著作権法上での例外を除き禁じられています。

代行業者等の第三者によるデジタル化は、個人や家庭内での利用でも一切認められておりません。

実生社の本

コーヒーを飲んで学校を建てよう

キリマンジャロ・フェアトレードの村をたずねる

ふしはらのじこ（文・絵）　辻村英之（監修）

本体1800円（税別）B5変型 44頁 上製／978-4-910686-01-1

フェアトレードコーヒーの産地を描いた、ノンフィクション絵本。

コーヒーが子供たちの教育を支える村に訪れたピンチをのりきるべく、ヒデ先生は豆を日本で販売しはじめた……！